Der Goldrausch

Der Wilde Westen Original

Christopher S. Hagen

Der Goldrausch

Deutsche Verlags-Anstalt

ISBN 3 421 02464 2

Umschlag: Gunter Baitinger, Stuttgart
Bilddokumentation: Deutsche Westerners Gesellschaft, Alpirsbach
Gesamtherstellung: Georg Wagner, Nördlingen
Printed in Germany

56780 10975 4321

In diesem Bildband über die Pionier-Ära des Goldrauschs sind die spektakulären kriminellen Gewalttaten, Vigilanz- und Lynchjustiz *nicht* erwähnt, weil dies bereits im vorangegangenen Band »Sheriffs, Outlaws und Banditen« geschehen ist.
Es werden aber in den zeitgenössischen Darstellungen, die jedem Kapitel vorausgehen, die verschiedensten Techniken beschrieben, mit denen man damals das Edelmetall suchte und vom Gestein trennte.

Vorwort

»Jahrzehnte vor der Eroberung Kaliforniens durch die Amerikaner hatten die Mexikaner Gold gefunden und auch auf etwa zwölf Feldern geschürft. Aber mehr als ein paar Hundert Leute hat das nie angelockt, mehr als lokales Interesse hat dies nie hervorgerufen. Erst die Amerikaner führten vor, daß jeder einzelne sein eigener Entdecker, Eroberer und Ausbeuter sein konnte. Das zündende Ereignis geschah am 24. Januar 1848, als James Marshal, der für den Schweizer Johannes Augustus Suter eine wassergetriebene Sägemühle ausprobierte, im Schlamm vor dem Staugatter nußgroße Nuggets fand.«
G. W. Groh: Goldfever, N. Y. 1966

Nachdem der 1839 nach Kalifornien ausgewanderte Schweizer Suter sich davon überzeugt hatte, daß es tatsächlich pures *Gold* war, das Marshal auf seinem Besitz gefunden hatte, gelangte die Nachricht hiervon über den Militärkommandeur von Kalifornia, Colonel Richard Barnes Mason, zum War Department der USA nach Washington. Sie kam US-Präsident James K. Polk gerade recht, um das nationale Mißbehagen der Amerikaner über den kalifornischen Krieg und daraus resultierende parteipolitische Schwierigkeiten umzuprogrammieren. Für die Amerikaner lag Kalifornien nicht nur an einer schier unerreichbar scheinenden Grenze des amerikanischen Kontinents, sondern dieser ehedem mexikanische Besitz hatte ihrer Meinung nach auch deshalb keinerlei kriegerischen Einsatz gelohnt, weil es nur über eine 15 000 Meilen lange Seereise um den ganzen südamerikanischen Kontinent zu erreichen war.

Im Juni 1848 traf die Nachricht über Goldfunde in Kalifornien beim Präsidenten ein. Den ganzen Rest des Jahres brachten die Emissäre des US-Präsidenten damit zu, die US-Presse zu sich immer mehr steigernden enthusiastischen Berichten über unwahrscheinliche Reichtümer im Fernen Westen anzustacheln. Ende des Jahres schien es, als wäre der Krieg gegen Mexiko nur geführt worden, um den Mexikanern die Schatzkammer Amerikas zu entreißen. Im Frühjahr 1849 hatten bereits mehr als 50 000 Amerikaner über die Seehäfen in den Oststaaten die Atlantikstaaten verlassen, im Mai waren es weitere 50 000, die sich auf dem Landwege aufgemacht hatten, in Kalifornien Gold zu graben.

Schon nach wenigen Jahren waren es nicht Hunderttausende, sondern *Millionen*: Amerikaner und Menschen aus aller Herren Länder, die in die Goldfelder der neuen Welt strömten. Hemmungslose Habgier, der Wunsch also, schnell reich zu werden, war dabei wohl nur eins von vielen Motiven. Wesentlicher scheint mir zu sein, daß sich hier der Freiheitsrausch der gesamten Menschheit austobte:

Staatsangehörige der Alten Welt, in deren Geschichte der Einzelmensch niemals tun konnte, was ihm beliebte, ohne daß nicht die despotische Anmaßung der Herrschenden und Etablierten jedes Maß an persönlicher Freiheit auf ein Minimum beschränkte, genossen den Rausch ungezügelter Freiheit und nahmen hierfür jedes Risiko in Kauf.

Die traditionell Armen der Welt, denen sich niemals in ihrer Geschichte eine Möglichkeit geboten hatte, durch persönlichen Einsatz zu Besitz und Reichtum zu kommen, sahen nun selbst die phantastischsten solcher Möglichkeiten erfüllt. Religiös Andersgläubige und Verfolgte, gesellschaftlich Benachteiligte und Ausgestoßene, ja, selbst Ehemüde, Schuldner – kurz, alle im Schatten herkömmlicher Traditionen Lebende erblickten in Amerika im allgemeinen und in den Goldfeldern im besonderen ein unerwartet gelobtes Land, ein Eldorado und Paradies auf Erden. Und alle waren sich gleichzeitig durchaus der ungemein hohen persönlichen Risiken bewußt; denn hierüber hatten die zahllosen Schrekkensmeldungen und Berichte der amerikanischen Presse niemals auch nur den geringsten Zweifel gelassen.

Man kann so weit gehen und sagen, daß sich das Unbehagen der ganzen Menschheit an Überkommenem auf die Goldfelder des amerikanischen Westens entlud. Und diese abenteuerliche Mischung aus hemmungsloser Habgier und Unbehagen, Befreiung und neuer Selbstbeschränkung, unbegrenzten Möglichkeiten ebenso wie unbegrenzten Risiken war es tatsächlich, die einen neuen Zeitgeist hervorbrachte: jenen Glauben daran, daß der menschlichen technischen Intelligenz einfach keine Grenzen gesetzt seien, daß der Mensch das einzige lebende Wesen dieser Erde sei, das grundsätzlich unmöglich Scheinendes möglich machen könne.

Die gewaltigen technischen Leistungen, die vollbracht wurden, aber auch die ungeheuerlichen Strapazen, die auf dem Wege zu den Goldfeldern und auch in den Feldern selbst überstanden wurden und die die zahllosen Tragödien und Opfer einfach vergessen ließen, schienen den Menschen, die sich »Amerikaner« nannten, zu beweisen, daß sie eine Art auserwähltes Volk seien, das im Begriff war, der übrigen Menschheit mit Riesenschritten voraus in eine Zukunft

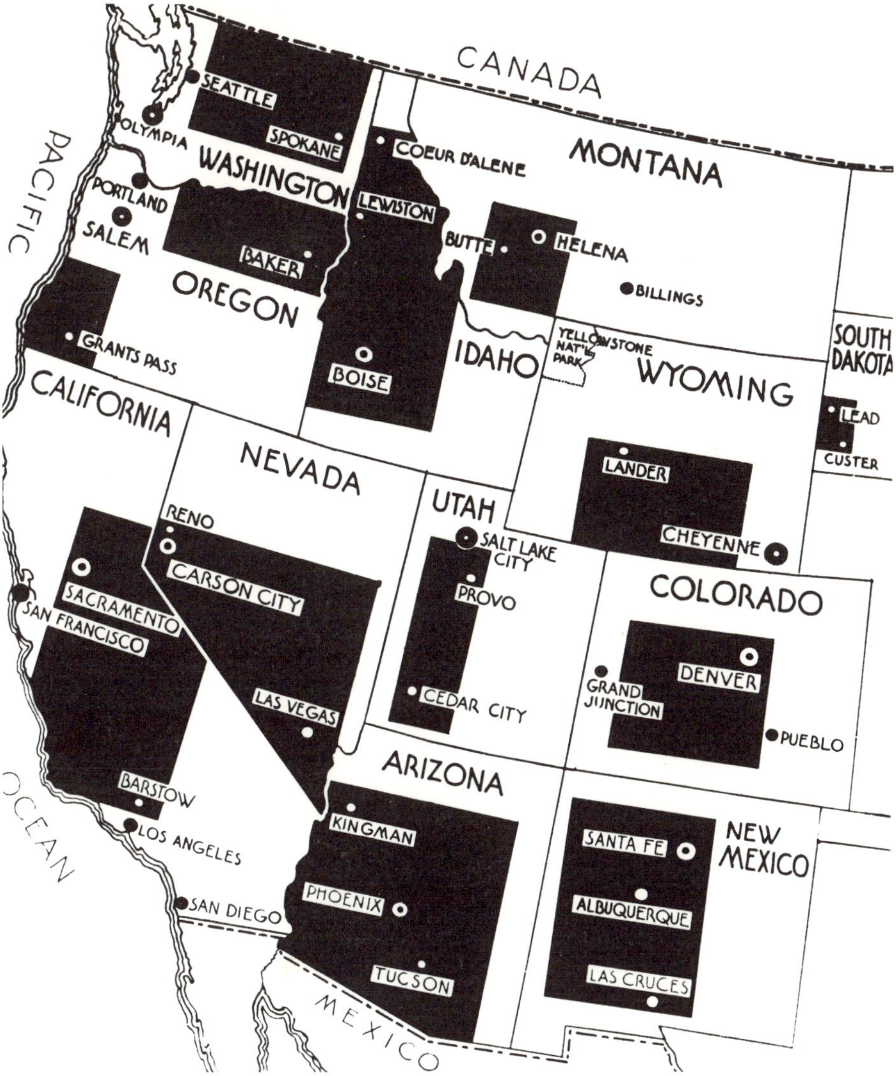

Goldfundgebiete im Westen.

zu enteilen, die eine amerikanische sein würde.

Die in den Goldfeldern anfangs herrschende hemmungslos chaotische Freiheit ist vom übrigen Weltbewußtsein, das hauptsächlich in »Gesetz-und-Ordnungs«-Kategorien dachte, stets auch gleichzeitig als kriminelles Chaos, als eine Art gewalttätigen Rauschzustandes angesehen und beurteilt worden. Sehr zu Unrecht: denn die Selbstverantwortlichkeit der Prospektorengeneration hat es stets verstanden, gesetzlosem Chaos im allgemeinen sehr nachhaltig den Garaus zu machen. Trotz der ungeheuerlichen Turbulenzen jener Zeit kann man tatsächlich davon ausgehen, daß die Kriminalität erheblich niedriger als in den alten etablierten Ordnungen war, deren starre Gesetzesmechaniken erheblich mehr Möglichkeiten zur »ungerechtfertigten Bereicherung« boten, als dies die Goldsucher geduldet hätten.

So beschränkte sich denn auch die Hauptkriminalität in den Goldfeldern auf primitive Gewaltdelikte wie räuberischer Diebstahl, Raub und Mord, wogegen sich allerdings die rüden Gesellschaften der Prospektoren durch Vigilanz- und Lynchjustiz sehr nachhaltig und wirksam zu wehren wußten, so daß solche Perioden in den jeweiligen Gemeinden nur verhältnismäßig kurz waren.

Gleichzeitig war diese Goldsucher-Ära für die Entwicklungsgeschichte der USA der wohl nachhaltigste und mächtigste Impuls überhaupt: Auf einem technischen Experimentierfeld, in dem das Menschenleben allgemein überhaupt keine Rolle spielte, weil jeder für sein eigenes Leben – natürlich im Rahmen allgemeingültiger Verhaltensnormen – selbst und allein verantwortlich zeichnete, konnte sich technischer Experimentiergeist in nahezu unbegrenzter Vielfalt allein nach dem Rentabilitätsprinzip eiskalter Pragmatik entfalten. Dementsprechend gewaltig waren denn auch die Fortschritte, die man – geradezu über Nacht – erzielte: Transkontinentaleisenbahnen brachten vordem unüberbrückbar erscheinende Entfernungen zum Schrumpfen. Die Ausbeutungsmaschinerie des Dampfmaschinenzeitalters nahm geradezu apokalyptische Formen an. Was noch gestern technich unmöglich schien, war heute schon selbstverständlich. Aus diesen geistigen Impulsen wurde der gewaltige Bürgerkrieg als der erste totale technische Krieg der Menschheit überhaupt geboren ebenso wie die Wissenschaftshörigkeit und -gläubigkeit, die heute die ganze Menschheit jenseits aller Rassen-, Religions- oder politischen Schranken erfaßt hat. Heute wissen es die Historiker genau: Ohne den Goldrausch wäre die Entwicklung der USA anders, langsamer verlaufen, und damit hätte wahrscheinlich die Geschichte der ganzen Welt einen anderen Verlauf genommen.

Der Geist des Fortschritts.
Zeitgenössisches Plakat von 1872.

California (Mother Lode)

»In California war die weitestverbreitete Art des Goldwaschens das sogenannte ›panning‹ (deutsch etwa: das ›Ausschüsseln‹), das vom Neuling sozusagen gleich erlernt werden konnte, obwohl es natürlich, wie jede Handfertigkeit, etwas Geschick erforderte. Eingeführt wurde es von einem der ersten Prospektoren in Coloma, Isaac Humphreys aus Georgia (wo man das Goldwaschen mit der Schüssel von den Cherokee-Indianern erlernt hatte), der die runde hochrandige amerikanische Schüssel verwendete. Man füllt etwa den Boden mit fünf Zentimeter Sand und stellt sich in niedriges, langsam fließendes Wasser. Man hält die Schüssel schräg mit einer Hälfte so ins Wasser, daß der Schüsselrand ganz knapp vom Wasser überflutet wird. Nun versetzt man die Schüssel in sanft kreisende Bewegung, so daß die leichten Sandteile vom Wasser über den Rand hinweggespült werden – dies so lange, bis alle Sandkristalle weggespült sind und nur noch die schweren Teile zurückbleiben. Das ist meistens schwarzer ›magnetischer Sand‹ und . . . *Gold!* Diese *Goldkörner* kann man nun leicht von anderen schweren Mineralkörnern trennen. Am Abend breitet man die Tagesausbeute zum Trocknen auf ein Tuch und füllt dann das getrocknete Reingold in kleine Lederbeutel. In jenen Tagen bedeuteten etwa fünfzig gewaschene Schüsseln das Tagewerk eines Mannes.«
Aus: O. E. Joung jr.: Western Mining, Norman 1970

1869, vier Jahre nach dem verheerenden Bürgerkrieg, erklärte John S. Hittell im »Washington Daily Intelligencer«, daß der Goldrausch in zwanzig Jahren mehr Opfer gekostet, mehr Tragödien verursacht, mehr Herzen gebrochen und mehr Familien auseinandergerissen habe als der Bürgerkrieg. Der Alkalde von Monterey, Reverend Walter Colton, hatte am 29. 8. 1848 den Beginn des Booms mit einer losgelassenen Welle von Tausenden und aber Tausenden von Wildschweinen verglichen, die den Boden Kaliforniens um- und umwühlen, um Goldkörner hervorzugraben.
Während man in etablierten Kreisen der atlantischen Großstädte über die versteinerten Wälder Ägyptens diskutierte, Vorlesungen über die Kultur von Athen und Attika und die Entdeckung Amerikas durch die Wikinger lauschte, »wurden die 30 Staaten der USA allmählich vom Goldfieber regelrecht auf den Kopf gestellt: Die ersten Berichte aus Kalifornien überschlugen sich in phantastischen Darstellungen dessen, was dort den Goldsucher erwartete. In jedem Bach, an praktisch jedem Flußufer, unter Baumwurzeln lägen die Goldklumpen nur so herum. Es gab »Gold genug für Millionen Menschen, um

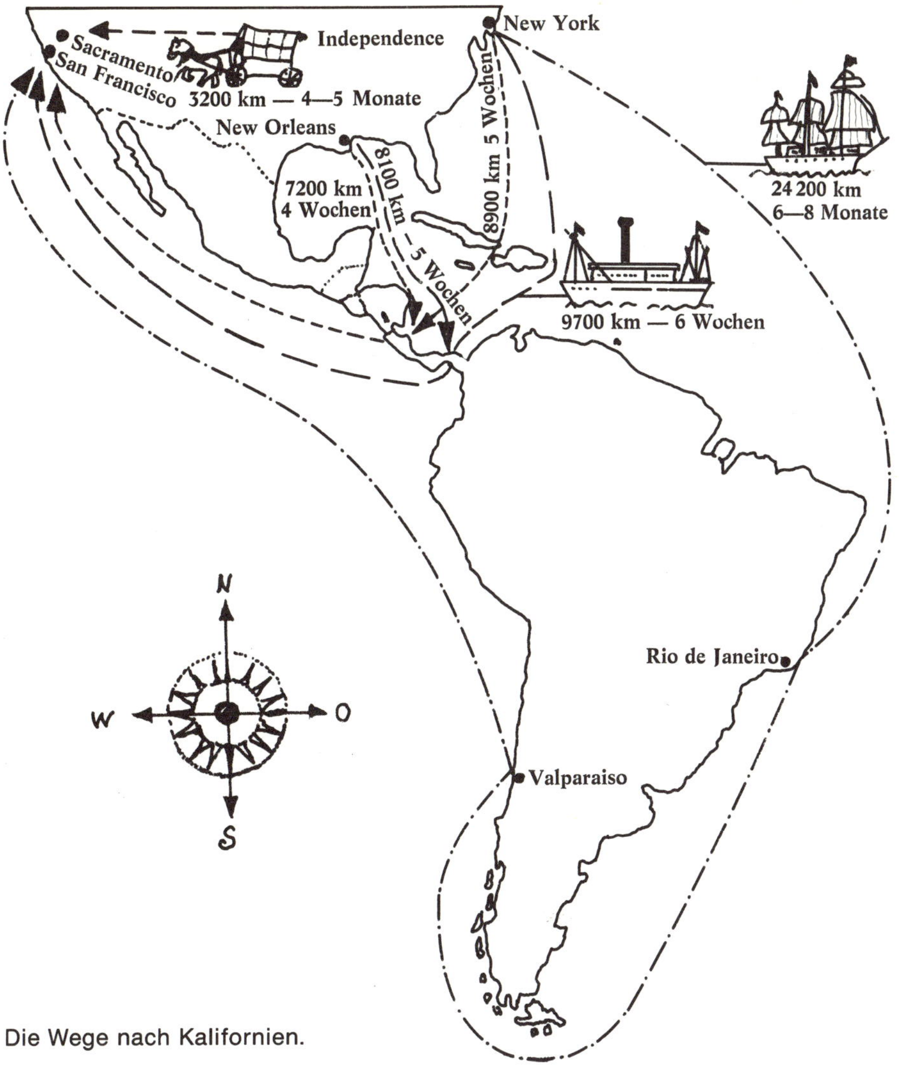

Die Wege nach Kalifornien.

sie über Nacht zu Millionären zu machen«, Gold bis ins nächste Jahrhundert, unerschöpfliche Vorkommen an armdicken Adern und badewannengroßen Nuggetablagerungen. Von den entsetzlichen Tragödien, die sich allein schon auf dem Wege nach Kalifornien abspielten, nahm man nur ganz am Rande Kenntnis. Mehr als 25 Prozent aller Segler, die die 15 000 Meilen lange Reise rund um Kap Horn unternahmen, gingen unter, mehr als 40 Prozent aller Wanderer, die den fieberverseuchten Isthmus von Panama auf dem Landwege durchquerten, starben am Gelben Fieber. Mehr als 23 Prozent aller Westwanderer, die auf dem Landwege, quer durch den amerikanischen Kontinent, Kalifornien zu erreichen versuchten, gingen an Hunger, Durst und Entbehrungen zugrunde.

Aber von diesen Tragödien sprach kaum jemand. Gold war in aller Munde, Reichtum, Besitz und Macht. Dem Gold widmeten die Zeitungen in ganz Amerika mehr als 70 Prozent aller Berichte und Prognosen, Reportagen und Darstellungen. Selbst die Priester auf den Kanzeln kannten nur ein Thema: Gold! Bald hieß es, auch in Texas, Nord Karolina, Kentucky, Maryland und New Jersey wären reiche Goldvorkommen entdeckt worden, aber diese Meldungen erwiesen sich sehr rasch als falsch. Wohin man in jener Zeit in irgendeiner Großstadt blickte, es war immer die gleiche Geschichte: Über Nacht waren Geschäfte geschlossen, ganze Häuser und Straßenzeilen verödet. Die Anzeigenspalten der Zeitungen warben für: Wegweiser nach California, Colt und Allen-Revolver, Bowiemesser, Äxte und Schaufeln, Piken und Goldwaschpfannen, Geldgürtel und Goldstaubbeutel. Es wurden Landkarten angeboten, Expeditionsberichte. Wagentrecks suchten Führer, Segelschiff-Reedereien priesen die Schnelligkeit und den Komfort ihrer Schiffe. So erschien z. B. im »Washington Globe« vom 13. 3. 1850 folgender Bericht:

»Die Ausbeute der Prospektoren variierte von 1 Unze pro Tag bis 1000 Dollar. Mr. Atherton sagte, daß der größte Goldklumpen, den er sah, sieben Pfund wog und aus 19¾karätigem Gold bestand. Er sagte auch, daß ein Mann an einem Tag für 12 000 Dollar Gold fand, ein anderer 36 Pfund, und daß eine Handvoll Erde in einem Goldfeld durchschnittlich eine halbe Unze Gold enthalte.«

Angesichts solcher Berichte auch in seriösen Zeitungen ist es kein Wunder, daß so viele nach Kalifor-

Das erste Gefängnis von San Franzisko: eine Zwei-Mast-Bark im Hafen.

LLO SALOON

Johann August Suter 1851.

nien gingen, sondern, daß noch so viele in den Atlantikstaaten *blieben*! Die wenigen warnenden nüchternen Stimmen gingen in diesem Gloriengeschrei vollkommen unter. Selbst die Westwanderer, die von Jahr zu Jahr an immer mehr Grabhügeln und gebrochenen Wagenachsen vorbeifuhren, schenkten diesen Hinterlassenschaften der Gescheiterten kaum Aufmerksamkeit. Die Regierung heizte die Hysterie noch durch sogenannte »offizielle« Berichte an. So schrieb z. B. General Jesup an das Quartermaster General's Department, und die »New York Daily Tribune« veröffentlichte es am 26. 12. 1848:
»Zum Beispiel an den südlichen Armen des American Fork werden täglich von jedem Prospektor 3 bis 4 Unzen (die Unze zu 16 Dollar) gefunden. Die Herren Daly und McCooms haben in zwei Tagen für 17 000 Dollar Gold gewaschen, und Mr. C. S. Lyman, ein Buchhalter, an körperliche Arbeit überhaupt nicht gewöhnt, sagte, daß er in fünf Stunden für 100 Dollar Gold wasche.«
Und dies zu einer Zeit, da der Monatslohn eines Buchhalters etwa 25 Dollar betrug! Die Aussicht, in wenigen Monaten so viel Geld zu verdienen, wie ein Dutzend Männer in einem ganzen Leben erarbeiten konnten, elektrisierte die ganze Welt. Überall in den USA bildeten sich Gesellschaften, die die Reise über die Meere oder über Land organisierten und auf diese Weise bereits am Goldboom profitierten, bevor noch einer der Reisenden überhaupt einen Krümel davon gefunden hatte.
Schon während der ersten drei Jahre wurden alle Goldfelder entdeckt, die reiche Vorkommen besaßen: Besonders an den Nebenflüssen des Sacramento River: American River, Feather River und Yuba River. Nur weil sich sein Maultier ein Bein brach und er deshalb den langen Weg zum Sacramento River

nicht zurücklegen konnte, wendete sich Captain Charles Weber, ein Schwabe, zum San Joaquin Valley und entdeckte dort reichhaltige Vorkommen an den Stanislaus, Tuolumne, Consumne und Mokelumne Rivers. Nahezu gleichzeitig fanden Goldsucher, die von Oregon nach Süden gen Kalifornien vordrangen, riesige Goldvorkommen am Trinity River.

Die ganzen südlichen Abhänge der Sierra Nevada zwischen Deer Creek im Norden und Mormon Bar im Süden, eine Gebirgsregion von 250 Meilen Länge und 90 Meilen Breite, die die sogenannte »Mutter-Ader« (Mother Lode) genannt wurde, überzog sich mit zahllosen Camps, die zunächst aus Zelten, wenig später aus rasch zusammengenagelten Bretterbuden, und dann schon aus Holzhäusern bestanden. Die zeitgenössischen Berichte sind voll von Lobpreisungen tüchtiger Geologen und sogenannter professioneller Prospektoren, aber der ganze Goldboom hat eigentlich nur eins mit Sicherheit erwiesen, daß nämlich die Suche nach Gold eine reine Lotterie war: So suchte der frühe »49er« Jack Black Crawford nahezu dreißig Jahre lang Gold – er stand in dem legendären Ruf, der erfahrenste aller Goldsucher Amerikas zu sein –, aber er fand niemals mehr, als er für seine dringendsten Bedürfnisse brauchte. Andererseits wurden alle großen »Strikes« von ausgesprochenen Neulingen und »Laien« meistens durch puren Zufall gemacht: Claude Chana, einer von Suters Sägemühlenarbeitern, der ein paar Monate erfolglos am North Fork des American Rivers nach Gold gesucht hatte, gab die Suche schließlich entmutigt, entkräftet und tuberkulosekrank auf. Nur zwei Tage später stocherte ein schwäbischer Auswanderer, Jacob Armbruster, in Chanas verlassenem Claim mit einer Schaufel, und schon fand er eines der reichsten Vorkommen überhaupt. In weniger als einem Monat hatte er für 60 000 Dollar Goldkörner in Beutel verpackt und schickte einen Brief nach Calw:

»... nur noch eine Sorge. Wie komme ich mit diesem Haufen Gold aus Kalifornien heraus, ohne überfallen zu werden.«

Aus dem verlassenen Armbruster-Claim holten nachfolgende Goldsucher immer noch 800 bis 1500 Dollar täglich heraus, und schließlich entstand auf dieser Stelle die Stadt Auburn.

Harry Jenkins, ein pockennarbiger Engländer, der vor einer Mordanklage in New Hampshire auf der Flucht war, entzündete, kaum vier Tage in Kalifornien, in der Missouri Gulch-Schlucht ein Feuer, und als der Wind zu stark wurde, schichtete er mit der Schaufel einen Schutzwall gegen den Wind auf. Als er am anderen Morgen erwachte, be-

merkte er, daß er mitten in eine Bonanza hineingestoßen war. Sein Erdwall bestand zu 70 Prozent aus Nuggets!

In Volcano holten Goldsucher pro Waschpfanne für 500 Dollar Goldstaub heraus, in Durgan's Flat wuschen vier Holländer in einer Woche für 12 000 Dollar. In Cup Diggins holte ein Schwede aus seinem 60-Quadratfuß-Claim in sechs Monaten für mehr als 80 000 Dollar Gold heraus. Ein Preuße namens Holden fand einen 28pfündigen massiven Goldklumpen, der 38 000 Dollar Wert besaß. Aber die Amerikaner gewöhnten sich rasch an die Tatsache, daß praktisch niemals irgendein absoluter Rekord erreicht war. Stets gab es *noch* Größeres, *noch* Gewaltigeres:

1850 wanderte ein enttäuschter Prospektor zu einem Platz, von dem alle »Fachleute« gesagt hatten, daß er gar kein Gold enthalten könne. Er stieß regelrecht mit der Stiefelspitze gegen einen 14pfündigen Goldklumpen, der auf dem Wege lag. Der Run, der hierauf einsetzte, führte zur Gründung von Carson Hill. In nur zehn Monaten wuschen die Goldsucher für 2 800 000 Dollar Gold aus dem Boden. 1854, an einem ergebnislosen kühlen Novembertag, der fünf Prospektoren nicht einmal die Tageskosten eingebracht hatte, waren vier Männer bereits aufgebrochen, um sich in ihrem Zelt erschöpft niederzulegen, während James Perkins noch wütend mit seiner Pike auf dem Boden ihres tiefen Grabens herumhackte und plötzlich einen furchtbaren Schrei ausstieß. Als die vier eilends zurückkehrten, hatte Perkins einen großen Brokken aus purem Gold gefunden. Er wog 195 Pfund (!) und machte nicht nur den Sorgen der fünf Männer ein jähes Ende, sondern rief den sogenannten Calavaras Nugget Boom hervor, der alles vorher Gekannte weit in den Schatten stellte.

An einem Oktobertag des Jahres 1850 machte sich George McKnight aus Grass Valley auf, eine entlaufene Milchkuh zu suchen. Er folgte ihren Spuren und fand eine goldhaltige Quarzader, die bis heute noch nicht erschöpft ist. Man hat inzwischen mehr als 80 Millionen Dollar aus dieser inzwischen etwa 3,5 Kilometer langen und 320 Meter tiefen Ader herausgeholt.

Bennager Raspberry, der eines Sommertages im Jahre 1851 mit seinem Vorderladergewehr Angels Camp verließ, um seinen künftigen Unterhalt mit der Jagd zu verdienen, schoß etwa eine Meile vom Ort entfernt ein Reh. Als ihm beim Wiederladen der Ladestock zu tief in den Lauf geriet, so daß er klemmte

Der Entdecker des ersten Goldes vor Suters Sägemühle: George Marshall 1847.

Links: Timmy McNarny, Ire, 1851 mit einem Sack Gold im Werte von 90.000 $.

Rechts: Goldsucher von Landelaria/ Nev., die Sharp freilassen wollten.

Unten: Das Placer-Goldwaschen mit der Schüssel.

und er ihn mit aller Kraft nicht mehr herausziehen konnte, legte er auf einen Hasen an und schoß. Der Ladestock bohrte sich tief in das Wurzelwerk eines Manzanita-Strauchs, und als er ihn dort herauszog, kollerte ihm goldhaltiges Quarz vor die Füße. Mit eben diesem Ladestock buddelte er für 700 Dollar Quarzgold aus dem Boden, am zweiten Tag für 2000, am dritten für 7000 Dollar.

Aber längst nicht alle Geschichten dieser Art nahmen ein glückliches Ende: Ein Mann, der sich Stoddard nannte, schleppte sich an einem kalten Herbstabend mit letzter Kraft und einer eiternden Pfeilwunde im Bein in ein Camp am oberen Feather River. Er erzählte, daß er und sein Partner von Indianern an einem See überfallen worden seien, dessen Ufer nur so mit faustgroßen Goldklumpen übersät gewesen sei. Den Partner hatte er tot zurückgelassen. Da am nächsten Tag der erste Schnee fiel, mußte Stoddard bis zum Frühling warten, ehe er die Goldsucher zu dem mysteriösen See führen konnte. Aber inzwischen hatte sich die Story von »Gold Lake Stoddard« so weit herumgesprochen, daß ihn beim Aufbruch Tausende unwillkommener Prospektoren begleiteten. Nach sechs Tagen mußte Stoddard die Suche aufgeben, er fand den See nicht mehr. Nur drei junge Goldsu-

Links: Der Goldwäscher »Big Old Jacob Bunch« 1851.

Rechts: Die drei Oberflächen-Goldvorkommen: Nuggets – Staub – Körner.

cher aus Bayern gaben nicht auf, sondern suchten weiter. Zwei Tage später als sie im Feather River ein Bad nahmen, entdeckten sie, daß auf dem Grunde des Flußufers mehr Goldnuggets als Steine lagen. Sie sammelten mit bloßen Händen an einem Tag für 36 000 Dollar Gold. Sie versuchten den Fund geheimzuhalten, aber kaum hatten sie die ersten Nuggets in Zahlung gegeben, ging der Run los, und der Ort, an dem sie ihren Fund gemacht hatten, hieß fortan »Rich Bar«. Und es war tatsächlich ein »reicher Streifen«. Es war keine Seltenheit, daß eine einzige Goldschüsselladung 1500 bis 2000 Dollar Goldkörner enthielt. Vier Kompagnons wuschen allein an einem Tage mehr als 50 000 Dollar Gold an einem einzigen Ort.

Derartige Geschichten von phantastischen Funden verwandelten die kalifornischen Berge in wenigen Jahren in eine Kraterlandschaft, in der sich Goldgräberlager aneinanderreihten wie Perlen auf einer Schnur. Die abenteuerlichsten Namen zierten diese rumorenden Städte, die manchmal geradezu über Nacht entstanden und ebenso über Nacht wieder restlos verlassen wurden. Manche Städte wechselten ihre Namen mehrmals, wie etwa Dry Diggins, das nach einem spektakulären Fall von Lynchjustiz einfach in »Hangtown« umbenannt wurde und schließlich als Placerville in die Geschichte einging.

Wovon in den Berichten wenig oder gar nicht die Rede war: Zirka 30 Prozent aller Goldsucher in Kalifornien gingen an Infektionskrankheiten, wie Tuberkulose, Typhus, Cholera, Blattern, Syphilis und an Lungenentzündung zugrunde. Ärzte gab es zwar mehr als genug, allein

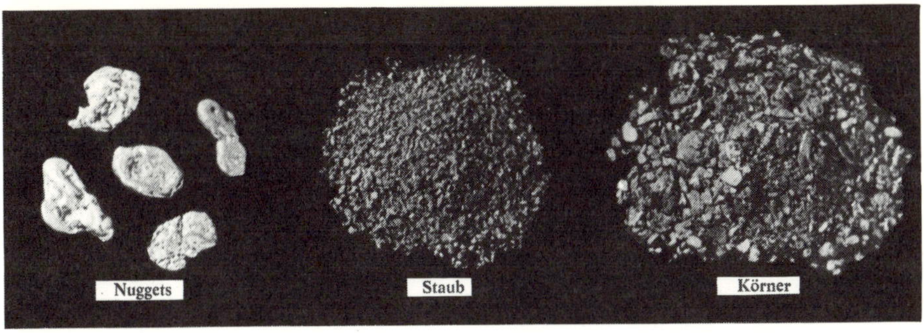

im nördlichen Bereich mehr als 2800, aber die suchten selbst nach Gold. Gewaltige Geschäfte machten Lebensmittelhändler, die das Pfund Mehl für 10 Dollar, ein Ei für 1 Dollar, ein Lot Kaffee für 1 Dollar verkauften. Auch die Speiselokalbesitzer hatten ihre »Bonanza«, in vielen Lokalen standen Ratten und Katzen und Hundeschenkel auf der Speisekarte. Das Wild in der Umgebung der Lager war bereits innerhalb der ersten Wochen restlos ausgerottet, die Beeren- und Fruchtvorräte der Natur geplündert, so daß der stolze Besitzer eines Apfelbaums schon 1 Dollar pro Apfel erhielt, als diese noch klein und grün an den Zweigen hingen. Die Käufer ritzten ihre Namen in die Fruchtschale und erschienen meistens noch kurz vor der Ernte, um ihre Köstlichkeit mit verzücktem Augenaufschlag zu verzehren.

In nur zehn Jahren war Kalifornien zum meistbevölkerten und reichsten Staat der USA geworden, die Häfen San Franzisko und Los Angeles zu den wichtigsten Toren nach Asien. Schon waren die ersten Goldfelder erschöpft, und über die Digger brachen immer verheerendere Katastrophen herein; aber der legendäre Ruf hielt an, und mit ihm verstärkte sich von Jahr zu Jahr die Westwanderung über den California Trail und den Fort Hall Trail.

Nevada (Comstock Lode)

»Eine Gruppe von Mormonen, die von Salt Lake City nach California unterwegs waren, gelten als die ersten Entdecker von Gold im westlichen Nevada. Sie gründeten im Carson Valley eine Stadt, die sie Johntown nannten und wuschen dort am Eingang des Gold Canyon mit bescheidenem Erfolg bis etwa 1858 Gold. Im Frühjahr 1858 machten sich die ungeduldigen Iren Peter O'Riley und Patrik McLaughlin auf, um nach reicheren Vorkommen zu suchen. Im Six Mile Canyon am Sun Peak begannen sie mit einem Schüttler, hatten aber nur wenig Erfolg.«
Aus: T. Webb: Gold Strikes.

»Die Erfahrungen des Goldwaschens mit der Schüssel hatten in Kalifornien gezeigt, daß dieses mühselige Geschäft des Einzelwäschers erheblich rationalisiert werden konnte, wenn sich ein Team von wenigstens zwei Männern eines sogenannten ›Rockers‹ (Schüttler) bedienten. Während einer schaufelte, brauchte der andere nur den Schüttler zu bedienen, und beide schafften auf diese Weise etwa viermal soviel Erdreich, wie wenn sie allein gearbeitet hätten. Solch ein ›Rocker‹ war eine ziemlich einfaches, rohes Instrument. Er bestand aus einer Kiste, auf deren Boden schmale Rillenleisten genagelt waren. Als Deckel diente ein kleine, flachere Kiste ohne Deckel, deren Boden aus einem durchlöcherten Blech bestand. Von der Vorderseite dieses oberen Deckels, der mit einem Hebel hin- und herzubewegen war, führte ein kistenbreiter Leinenstreifen zum hinteren Boden der unteren Kiste. Man schaufelte nun Erdreich auf den oberen Deckel, schwemmte es mit viel Wasser auf, und während ein Mann schüttelte, fielen die schweren Goldkörner auf den Leinenstreifen und blieben beim Herunterschwemmen des schräg zum Bach stehenden Rockers vor den Leistenrillen hängen. Von Zeit zu Zeit schaufelte man mit einer kleinen Schaufel den ›Fang‹ in einen Eimer, wo nachher dann die saubere Trennung von Gold und Gestein stattfand.«
O. E. Joung jr.: Western Mining, S. 113.

O'Riley und McLaughlin wollten nur noch so viel Goldkörner ernten, daß sie sich ein paar neue Schaufeln kaufen konnten, anschließend ihr Glück am Walker River versuchen. Sie gruben ein Wasserreservoir, um für etwa eine Woche genügend Wasser für den Rocker zu sammeln, als sie schon in zwei Fuß Tiefe auf ungewöhnlich schwarze Erde stießen. Es war reiner Zufall, daß O'Riley diesen körnigen Boden wusch. Er enthielt einen hohen Anteil eines hellfarbenen Goldes. Bis zum Abend hatten sie aus dieser schwarzen Erdschicht für mehr als 6000 Dollar pures Gold gewaschen und nicht gemerkt, daß der clevere Mormone Henry T. P. (»Pancake«) Comstock sie bei ihrem Fund beobachtet hatte. Als sie zu ihrem Lager zurückkehrten, hockte Comstock

Zeitgenössische Zeichnung eines Schüttlers, 1852.

vor ihrem dampfenden Kaffeetopf und erklärte ihnen, daß er das ganze Land, auf dem ihr Claim lag, bereits für sich und seinen Freund Manny Penrod habe eintragen lassen. Um einen langjährigen Streit zu vermeiden, erklärten sich die Iren einverstanden, Comstock und seinen Freund zu beteiligen. In den Monaten danach trat der redegewandte Comstock als der geschäftliche Vertreter der »Orphir« Mine auf, so daß man bald allgemein nur noch von der »Comstock Mine« und schließlich, was das ganze Silbervorkommen Nevadas betraf, vom sogenannten »Comstock Lode« sprach.

Es dauerte nicht lange und rund um die »Orphir«-Mine entstand ein riesiges Camp, das man ab November 1859 »Virginia City« nannte. Im Juli des folgenden Jahres besuchte Augustus Harrison, ein Rancher aus Truckee Meadows, die Grabfelder, um sich die chaotischen Zustände dort anzuschauen. Er stolperte regelrecht über ein riesiges Feld voll schwerer Felsbrocken, von denen er einen zurück zum Grass Valley nahm und ihn Judge Walsh zeigte, der ihn dem Erzfachmann Melville Atwood zeigte. Atwood brauchte

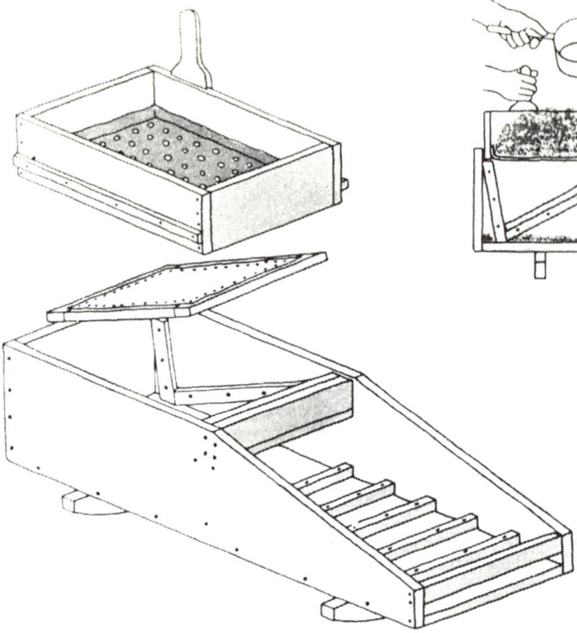

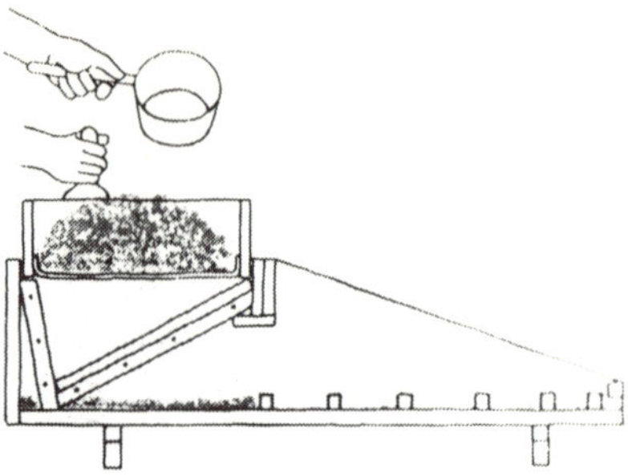

Der »Schüttler« (engl. Cradle) war eine perfekte Mechanisierung des Schüssel-Waschvorgangs, mit dem Oberflächenvorkommen sehr sicher und vollständig vom Erdreich getrennt werden konnten.

nur ganz kurze Zeit, um festzustellen, daß es sich um das reichhaltigste Gold- und Silbererz handelte, das er jemals gesehen hatte. Die drei Herren versammelten sich in seinem Büro und beschworen sich gegenseitig, absolutes Stillschweigen über den Fundort zu bewahren. Aber um 9 Uhr am nächsten Morgen wußte das ganze Grass Valley von dem neuen gewaltigen Fundort. Und schon einen Tag später machten sich Hunderte und Tausende von Prospektoren aus den kalifornischen Diggins nach Nevada auf. Sie ritten auf Pferden, Maultieren und Eseln, überquerten zu Fuß und mit Karren die Höhen der Sierra Nevada, und zeitgenössische Berichte besagen, daß sich die Bevölkerung von Virginia City alle vier Tage verdoppelte.

Solange das Wetter warm war, bedeutete dies kein so großes Problem, aber gegen Ende des Herbstes wurden die Nächte bitter kalt. Als die Prospektoren zudem merkten, daß es sich hier um andersgeartete Vorkommen handelte, die nicht mit Waschschüssel oder Rokker »aufzuschließen« waren, sondern die sogenanntes »Quarz-Mining«, also den »Schachtabbau« und damit Kapital-Investitionen erforderten, zogen es viele vor, wieder nach Kalifornien zurückzugehen, um dort nach sogenannten »Placer«-Feldern zu suchen, die man

Zeitgenössische Zeichnung der Arbeit mit einem Schüttler, 1851.

mit Schüssel und Rocker ausbeuten konnte.

Als der Winter über Virginia City mit großen Schneemassen hereinbrach, waren die Nachschubwege für Lebensmittel total abgeschnitten und die junge Stadt erlebte die entsetzlichste Hungerepidemie ihrer Geschichte. Pferde und Rinder fanden kein Futter mehr und starben. Als es auch keine Katzen, Hunde und Ratten mehr in der Stadt gab, erwog man die Einführung der Lebensmittelrationierung. Gleichzeitig erwies sich die Gold-Silber-Ader des Comstock Lode um so reichhaltiger, je tiefer man Stollen in die Erde vorantrieb. Die meisten der alten »49er« aus Kalifornien aber waren ausgesprochene Goldkenner. Von Silbererzen verstanden sie nichts. Deshalb verließen viele entmutigt ihre Claims, die sich wenig später als die reichsten Silbervorkommen Amerikas erweisen sollten und viele Millionen Dollar Profit erbrachten.

Innerhalb eines Jahres hatte sich die Pionierszene vollkommen geändert: Die Entdecker Comstock, Riley, McLaughlin und Penrod verkauften ihre Claims für Summen zwischen 3500 und 40 000 Dollar an

Links: Henry T. P. »Pancake«, Comstock, 1856.

Rechts: Die ersten Goldsucher vom Comstock Lode, 1858.

Großkapitalisten aus Kalifornien und endeten schon nach wenigen Jahren irgendwo zwischen Abfallkübeln und Spültellern im Schatten des allgemeinen Booms.

Im März 1860 waren Lyman Jones und Tim Moore die ersten, die erkannten, daß auf die Dauer mit Geschäften mehr Reichtum zu erwerben war, als im Glücksspiel des Goldwaschens. Sie erreichten Virginia City mit Wagenladungen von Lebensmitteln, Genußmitteln, Dekken und Haushaltwaren, errichteten große Schlaf- und Wohnzelte, Saloons und Drugstores, und bereits im Sommer des selben Jahres tranken die Bergarbeiter ihre Drinks an Mahagonitheken, wurden die Bühnen der soliden Theaterhäuser mit japanischem Kirschbaum und Porzellan aus Meißen drapiert. Kapitalisten erbauten eine feste Straße zwischen dem kalifornischen Placerville und Virginia City in Nevada, und am Ende des Jahres 1860 bestanden in Virginia City 8 Hotels, 9 Speiserestaurants, 10 Mietställe, 38 Saloons, 25 Lagergeschäfte, 12 Schmieden, 14 Theater, 45 Warenhäuser und mehr als 398 Privathäuser. 37 Bergwerksgesellschaften hatten Schächte in den Boden getrieben, und mehr als 40 000 Bergarbeiter fuhren in drei Schichten unter Tage, um in einem Jahr allein für die Kapitalgeber einen Reingewinn von 30 Millionen Dollar zu erarbeiten. So hektisch wurde der Boom, daß Hasardeure Kapitalgesellschaften ohne Kapital gründeten, Anteile verkauften, ohne einen Spatenstich getan zu haben. Abenteuerliche Spielernaturen meldeten Claims auf Bergrükken an und gaben sie für erzhaltigen Boden aus. Mit den kassierten Geldern verschwanden sie, und als

im Winter Dividenden gezahlt werden sollten, stellte sich heraus, daß es die meisten Kapitalgesellschaften gar nicht mehr gab, ihre Gründer verschwunden waren und mit ihnen alle eingezahlten Gelder.
Der Winter brach regelrecht über Nacht mit einer Schneedecke von zwei bis drei Metern über die Landschaft des Comstock Lode herein und begrub nicht nur Virginia City und den Gold Canyon, sondern alle Nachschubwege unter sich. Nach dem dritten verheerenden Blizzard brachte ein überraschender Föhneinbruch einen »Himmel voll warmen Regens«, und innerhalb von wenigen Stunden rissen Schmelz-

wasser- und Regenfluten von der Qualität einer alttestamentalischen Sintflut mehr als die Hälfte aller Gebäude im Gold Canyon weg, Menschen ertranken in Schächten und Stollen, bevor sie den rettenden Ausstieg erreichen konnten, und alle Bergwerke *versanken* förmlich im Wasser, füllten sich praktisch bis an den Rand voll Schlamm und Wasser.

Alles war zu Ende, bevor es richtig begonnen hatte. Aber nun zeigte sich im Frühjahr 1861, zu welchen gewaltigen persönlichen Leistungen hemmungslose Habgier und sportlicher Ehrgeiz fähig sind: Innerhalb von nur zwei Monaten war alles wieder in den ursprünglichen Zustand versetzt. Mehr noch, neue Straßenzüge, neue Geschäfte, Theater, Saloons, Privathäuser, Erzmühlen, Sägemühlen, Schmelzbetriebe waren entstanden, und noch ehe die Frühlingssonne die letzten Schneedecken in den Bergen zum Schmelzen gebracht hatte, floß aus den Claims und Minen erneut reiche Ausbeute.

Der »Territorial Enterprise« verlegte seinen Sitz von Carson City nach Virginia City, der »Evening Chronicle« erschien kurz danach, die »Gold Hill News« begann, ihre Ausgaben zu drucken. Mark Twain veröffentlichte seine köstlichen Goldgräberstories unter dem Pseudonym »Josh«, und die Bergwerke »Orphir«, »Gould & Curry«, »The Mexican«, die »Chollar« und »Potosi« schickten immer mehr Gold- und Silberbarren mit schwerbewachten Transporten zu den kalifornischen Häfen.

1863 wurde wieder ein Desaster-Jahr. Einer Reihe von Stolleneinbrüchen, die viele Menschenleben kosteten, folgte das erste »Comstock-Großfeuer, das rasch alle großen Holzkonstruktionen erfaßte und bis auf den Grund niederbrannte. Tausende von Bergarbeiter wurden heimatlos, mehr als die Hälfte aller Gebäude brannte nieder, aber schon wenige Wochen später war alles wieder aufgebaut, größer, effektiver, gewaltiger, komfortabler, als je zuvor. Aufgrund des ungeheuren Bedarfs an Holz entstanden in den bewaldeten Bergregionen riesenhafte Kahlschlag-Werke, die innerhalb von Monaten ganze jahrhundertealte Wälder »von der Landkarte abholzten«. Genoa, als »Mormon Station« bekannt, wurde zum Zentrum dieses Raubbaus und der Carson River zur allgemeinen Fährstraße, die man oftmals »überqueren konnte, ohne sich die Füße naß zu machen, indem man nur von Stamm zu Stamm ging«.

Hier geschah es zum ersten Mal in

Lola Montez, gefeierte Geliebte des Bayernkönigs Ludwig II., feierte in Virginia City unter Goldgräbern Triumphe.

der Geschichte der USA, daß sich wirtschaftliche Interessengruppen zu diktierenden Syndikaten zusammenschlossen: so zum Beispiel die Bank von Kalifornien mit den Mühlenkonzernen der Erzaufbereiter. Wer sein Erz nicht von Sharons Erzmühlen aufbereiten ließ, erhielt keine Kredite mehr von der Bank von Kalifornien, andererseits, wer seine Kredite nicht bei der Bank holte, erhielt kein Erz mehr aufbereitet. Auf diese mehr als fragwürdige Art und Weise wuchs das Mühlen-Bank-Syndikat zur stärksten Kapitalmacht in Nevada heran, die sich schließlich noch der Theater, Geschäfte, der Transportkapazitäten und Ausrüstungslieferanten bemächtigte, so daß endlich neben diesem Moloch alle anderen Versuche zum Scheitern verurteilt blieben. Die Führer des Syndikats, William Ralston und Henry Sharon, brüsteten sich in San Franzisko offen damit, daß sie »von jedem Dollar, der im Comstock Lode verdient wurde, automatisch 80 Cents« erhielten.

Bis etwa 1900 erlebte der Comstock Lode mit seinen Bergwerken, Erzmühlen und gigantischen Vergnügungszentren einen Reinfall, einen Höhepunkt nach dem anderen, bis es dann endgültig vorbei war und die legendären Boomstädte schnell verödeten.

Ursprünglich als »Washoe Diggins« mäßig bekanntgeworden, setzte der »Mining District« des Comstock Lode schon in seiner Frühzeit Maßstäbe, die für Amerikas Mineraljagd beispielhaft wurden. Der spätere Zeitungszar George Hearst begriff hier die elementarsten Spielregeln des Kapitalismus. Hier machte der spätere Kupferkönig Marcus Daly seine ersten Erfahrungen. Der Luxuswagenbauer Pullmann erhielt seine ersten Anregungen, Baron Rothschild entdeckte sein Interesse für Bergwerke. Der gesamte Bergbau der Welt wurde in den Schächten des Comstock Lode neu überdacht, erhielt neue technische Impulse – für die Zukunft richtungsweisende Erfahrungen. Die schillerndsten Journalisten Amerikas produzierten die meistgelesenen Zeitungen. Namen wie Mark Twain, Fred Hart, Joe Goodman, Wells Drury, Rollin Daggett und William Wright gingen in die Geschichte des Weltjournalismus ein. Hier entdeckten Zeitungen wie »The Territorial Enterprise« und »The Big Bonanza« zum ersten Mal die ungeheure Macht der Presse als ausgleichendes Element und Kontrollorgan der komplexen Gesellschaft. Die Größen aus der Theaterwelt wie Lola Montez, Lotta Crabtree, Sarah Bernhardt fühlten sich auf dieser Bühne ebenso wohl wie US-Präsident Grant oder auch wie General Sherman.

War der kalifornische Mother Lode das Abenteuer des »kleinen Man-

nes«, der mit Hacke und Schaufel sein Glück aus dem Boden klauben konnte, so wurde der Comstock Lode zum Eldorado für gewichtige Kapitalisten.
Die Möglichkeiten des kleinen mittellosen Mannes im Comstock Lode beschränkten sich fast ausschließlich darauf, reichhaltige Erzvorkommen zu suchen und zu finden . . . oder auch nicht. Die damaligen »Güteklassen« des Erzes wurden nach Ausbeuteschätzungen von Fachgeologen bemessen. So begann die Abbauwürdigkeit eines Erzes bereits mit einem Silber- oder Goldanteil von 20 Dollar pro Tonne Gestein. Ein Prospektor versorgte sich für zwei bis drei Monate mit allem Notwendigen und wanderte – gewöhnlich mit zwei oder drei Maultieren – in die Nevada-Wüstenlandschaft hinaus. Wenn er Erz fand, packte er Proben in ein kleines Säckchen, fertigte eine Karte des Fundortes an, brachte die Proben zum Geologen und ließ anschließend seine »Claims« (deutsch: Anspruch) eintragen. Nun suchte er kapitalkräftige Partner, die ihm bei der Ausbeute halfen, oder er verkaufte seinen Claim direkt an Minengesellschaften.
Die Geschichte des Comstock Lode ist nicht nur einmalig in ihrer hemmungslosen Wildheit, sondern auch die an Katastrophen, Tragödien und Unglück reichste Amerikas. Hier begannen schon sehr früh

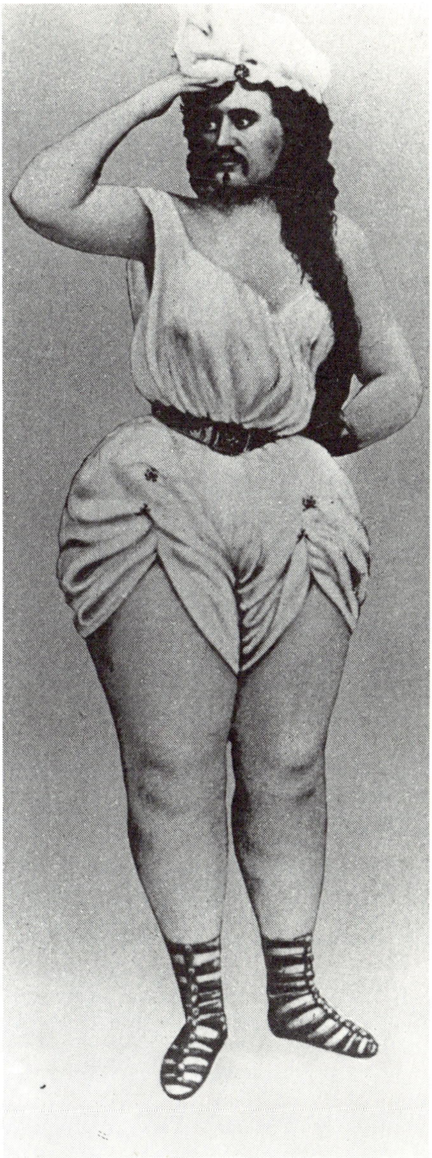

Verrücktheiten wie die als Araber verkleidete Helen Western, die mehr als 250 Pfund wog, lockten in Virginia City Tausende Goldsucher ins Theater.

die berühmten Legenden über »verlorene Reichtümer«, »verlorene Schätze« zu kursieren, Legenden, die später das ganze Minengebiet der USA mit phantastischen Stories überzogen und die längst zu einem festen und farbenprächtigen Bestandteil der Geschichte selbst und der Folklore geworden sind. Die meisten dieser Geschichten haben tatsächliche historische Hintergründe, manche sind abenteuerlich übertrieben oder gar erfunden. Aber bis auf den heutigen Tag hat die Suche nach den »verlorenen Schätzen« nicht aufgehört. Seit etwa drei Jahrzehnten lebt sogar eine blühende Geigerzähler- und Goldsucherindustrie, die allen notwendigen Zubehör für die Schatzsuche liefert, von dieser beinahe nationalen Suche nach den »verlorenen Schätzen« vergangener Tage.

Die verlorene »Blue Bucket Mine«

Spät im Oktober 1855 bewegte sich ein Zug von vierzig schwerbeladenen Planwagen unter der Führung von Captain Elisha Sowers durch das Gebiet der sogenannten »Schwarzen Felsen« nach Westen, um dort zwischen Granite Springs und Applegate Cut-off auf den allgemeinen Treckweg nach Oregon zu stoßen. Am vierten Tag in den Schwarzen Felsen befand sich die Wagenkarawane in einem Steilwand-Canyon, der so schmal war, daß man die Ochsen-Vierergespanne in Zweiergespanne umschirren mußte. Die Männer des Trecks, die jede Minute den Angriff feindlicher Paiute-Indianer befürchteten, versuchten in fieberhafter Eile aus dem Canyon herauszukommen. Während sich Menschen und Tiere mühten, in brütender Hitze den Canyon zu durchqueren, kletterten die Kinder zwischen den Felsen umher und hoben kleine schwarze Felsbrocken auf, mit denen sie spielten und sie dann in die an den Wagen baumelnden Eimer warfen. Als man sich am Abend ein paar Stunden Rast gönnte, erblickte nicht nur Captain Sowers, sondern erblickten auch die meisten anderen Frauen und Männer im Licht der untergehenden Sonne ein merkwürdiges Phänomen: Die eisernen Radreifen der Wagen hatten im Kleingeröll des Canyonbodens eine weithin sichtbare, leuchtend gelbe Spur hinterlassen. Aber niemand hatte eine Ahnung von Golderz, niemand konnte an anderes als an einen Paiute-Angriff denken. Alle waren erschöpft bis in die Seele hinein, und keiner wagte zu schlafen.

Die Menschen des Wagentrecks erreichten sicher Kalifornien und ließen sich in Yreka am Klamath River nieder. Eines Tages fiel Captain Sowers der blaue Emailleeimer auf, in den die Kinder die Steinbrocken geworfen hatten. Er nahm gedankenlos einige der Steine in die Hand, wunderte sich darüber, wie schwer sie waren, kratzte mit einem Messer daran herum ... und hielt blanke Goldnuggets in der Hand. Und nun erinnerten sich alle an die leuchtende Wagenspur auf dem Geröllboden des Canyons. Diese Hunderte von Tonnen Geröll bestanden aus *reinem* Gold!! Dr. Henry Dane und vierzehn andere Männer des Trecks machten sich im Frühling auf den Weg, um den »Blau-Eimer-Canyon« zu suchen. In den Schwarzen Felsen wurden sie von Paiutes überfallen, und nur zwei Männer überlebten. Immer und immer wieder zogen die Männer des Trecks aus, um den Canyon mit dem Goldboden zu suchen, aber vergeblich. Es gab in dieser Region Nevadas Hunderte solcher Canyons. Wolkenbrüche, Sand- und Staubstürme veränderten Jahr um Jahr die Landschaft. In beinahe regelmäßigen Abständen machten sich Suchkolonnen auf den Weg, auch heute noch wird nach der verlorenen »Blue Bucket Mine« gesucht, aber noch nie war ein Mensch erfolgreich.

Dan Brennans Schleifstein

In Pioche, einer Stadt mit 2000 Einwohnern im Comstock Lode, hatte sich der Geologe Jim Hewett einen folgenschweren Irrtum geleistet: Er verwechselte zwei Probeerzbeutel bei einer Begutachtung und bescheinigte einem Prospektor, der eine reiche Ader gefunden hatte, daß sein Fund wertlos sei, während er dem anderen mit einer wertlosen Mine zu einem guten Verkaufsgeschäft verhalf. Von diesem Augenblick an sannen die Prospektoren der Region auf Rache. Sie wollten den Geologen überführen, daß er krumme Geschäfte mit falschen Gutachten machte, und Dan Brennan erbot sich, ihn hereinzulegen. Dan Brennan besaß eine kleine Mine am östlichen Ausläufer des Mount Ely, die ihn recht und schlecht mit kümmerlicher Ausbeute ernährte. Er hatte von seinem Vorgänger Vic Torrey unter anderem eine kleine Bretterbude übernommen, in der ein ausgedienter, »eiernder« Schleifstein lag. Diesen zertrümmerte er mit dem Hammer, steckte die Bruchstücke in einen Beutel und gab ihn dem Geologen. Als der Geologe feststellte, daß die Schleifsteinbrocken 500-Dollar-Silbererz(pro Tonne) enthielten, was einen ungewöhnlich hohen Silbergehalt bedeutete, hielt Dan Brennan den Geologen für überführt. Natürlich glaubte niemand dem Gutachten, und die Prospektoren von Pioche forderten den Geologen auf, so rasch wie möglich zu verschwinden. Als aber Jim Hewett

Goldfield in Nevada entstand regelrecht über Nacht. In sechs Tagen hatte die Stadt 6000 Einwohner und auf der Mainstreet herrschte ein Betrieb wie in einer Großstadt.

wütend forderte, daß man doch die Schleifsteinbrocken einem anderen Geologen vorlegen solle, brachte Dan Brennan diese zu Big Jim MacLeod, der das Gutachten Hewetts . . . *bestätigte:* »Das ist das reinste Silbererz, das ich je gesehen habe.«

Dan Brennan war wie elektrisiert. Sein Vorgänger Vic Torrey hatte den Schleifstein angeschafft und ausgemustert. Aber Vic Torrey hatte Pioche längst verlassen. Brennan suchte ihn monatelang in der Umgebung. Vergeblich. Er brachte ein ganzes Jahr damit zu, Schleifsteinhersteller ausfindig zu machen, kehrte dann nach anderthalb Jahren zu seiner Mine zurück und gab die Suche auf. Wenig später erhielt er einen Brief von Vic Torrey aus dem Los Angeles County Hospital, wo er sich von einer langen Krankheit erholte. Sofort machte sich Dan Brennan auf den Weg. Im Krankenhaus erzählte er Torrey die phantastische Story von dem Schleifstein, er bot ihm die Hälfte allen Erlöses an, und Vic Torrey erklärte ihm, daß er diesen Schleifstein keine hundertfünfzig Meter von der Mine entfernt aus einer Steinplatte rund geformt und

Silver Reefs in Nevada, heute eine Geister-Trümmerstadt in Privatbesitz, erlebte 1871 einen zweijährigen Boom. Er erbrachte für 14 Millionen Silbererz.

ein Loch hineingebohrt hatte, aber das Material einfach nicht getaugt habe, so daß er ihn schon bald ausgemustert und liegengelassen habe. Als Dan Brennan erfuhr, daß er anderthalb Jahre umsonst im halben Westen herumgewandert war, während sich direkt oberhalb seines Blockhauses eine der reichsten Silberminen Nevadas befand, betrank er sich sinnlos und wurde erst nach drei Tagen wieder nüchtern. Als Geologen den Wert des Vorkommens schätzen, verkauften Dan Brennan und Vic Torrey ihren Anspruch an eine Minengesellschaft für 800 000 Dollar, und aus der »Grindstone Mine« wurde Nevadas »Silver King Mine«, eine der reichsten überhaupt.

Virginia City, Carson City, Austin, Ely, Aurora, Reno, Tonopah, Gold Hill, Goldfield, Rhyolite, Beatty, Las Vegas, Pioche, Bullfrog, Panaka, Schurz, Alunite, Searchlight und Rawhide, das sind die chaotischen Stationen des Erzbooms in Nevada, wo 55 Prozent Silber und 45 Prozent Gold gefunden wurden.

Heute sind die meisten dieser Bretterbudenstädte als Geisterstädte erhalten. Virginia City erlebt ganzjährig seit mehr als dreißig Jahren einen Touristenboom ohnegleichen, der kaum weniger Dollar einbringt als damals die Schatzsuche auf ihrem Höhepunkt. Es gibt »gesalzene« Goldfelder in den Bergen, in denen man gegen Leihgebühr für Geigerzähler, Spaten, Hacken und Sonstiges nach Nuggets suchen kann, die vorher von Managern des Spektakels unter Sheriffaufsicht in den Boden praktiziert werden. Eine Art Lotterie sozusagen, bei der nur etwa zwei Prozent aller »Goldsucher« fündig werden und sich der Rest auch noch darüber freut, nichts gefunden zu haben. Und immer wieder werden Zeitungsartikel aus den letzten Tagen des letzten Booms veröffentlicht, die die »Touristenbonanza« Jahr für Jahr weiter anheizen:

Aus dem »Mohave County Miner« vom 27. 7. 1912:
»Die alten Techatticup und Savage Minen sind verstummt – sie sind seit Jahren das Domizil von Fledermäusen, Ratten und Eulen. Die alte Erzmühle zerfällt, und tiefe Stille liegt über allem, was einst ein wilder und gesetzloser Flecken Erde war. Es ist, als laste ein Fluch darüber. Aber diese Minen enthalten immer noch Millionen Dollar an Schätzen, die darauf warten, gehoben zu werden.«

Montana (Alder Gulch)

»Der ›Long Tom‹ war eine bedeutende Verbesserung der Goldwaschmethode. Er war etwa 7 Meter lang und 45 Zentimeter tief und bestand praktisch aus drei Teilen: einem hölzernen Wasserzulauf, dem eigentlich ›Tom‹, auf dessen Holzboden Fangleisten genagelt waren, an denen sich die Schwerstoffe absetzten; dem Rüttelsieb am Ende des Toms, wo sich die feinen Schwerstoffe durch enge Maschen absetzten; und der Schleuse, die aus einem gewellten schweren Deckenstoff bestand, wo sich der schwere Goldstaub zuletzt absetzte. Durch diese drei Stationen wurden Goldkörner und Goldstaub in vielen verschiedenen Größenordnungen aufgefangen, bis zuletzt in der Schleuse auch der leichte Goldstaub hängenblieb, während der gesteuerte Wasserstrom Sand und Erde über die ganze Strecke des Long Tom wegspülte. Meistens arbeiteten vier bis sechs Männer an solch einem Long Tom, der aus Brettern rasch zusammengenagelt werden konnte. Voraussetzung war allerdings Wasser in genügender Menge und mit genügendem Gefälle.«
Aus: Western Mining, S. 117–118

Fairweather's Zufall

Auf der Flucht vor Crow-Indianern gerieten am 26. Mai 1863 sechs Prospektoren in die Alder Schlucht. Als sich nach einigen Stunden kein Indianer sehen ließ, nahm Bill Fairweather seine Waschpfanne vom Sattel und stieg mit einer Ladung Ufersand in den Alder Creek. Es war eine reine Routinehandlung. Keiner der Sechs erwartete, daß er irgend etwas finden würde. Während Fairweather die Schüssel schwenkte, streifte sein Blick umher. Indianer interessierten ihn auch jetzt noch mehr, als ein paar Hände voll nasser Erde. Als er den Blick senkte und in die Schüssel schaute, erstarrte er und stieß dann einen wilden Schrei aus: *»Gold!«*
Tom Cover, Henry Edgar, Barney Hughes, Mike Sweeney und Harry Rodgers eilten zu Fairweather hin, holten ihre Schüsseln und wuschen bis ins sinkende Sonnenlicht für . . . 15 000 Dollar Goldkörner, Nuggets und Goldstaub! Die sechs Glücklichen wuschen so viel Gold, wie sie glaubten, unter den Augen der Crows riskieren zu können, und machten sich dann auf den Marsch nach Bannack. Sie hatten ihre Claims ordentlich und nach den Bestimmungen des Territoriums Montana abgesteckt, konnten aber in Bannack nicht umhin, ihre alten Schulden und Neuanschaffungen mit den gefundenen Goldkörnern

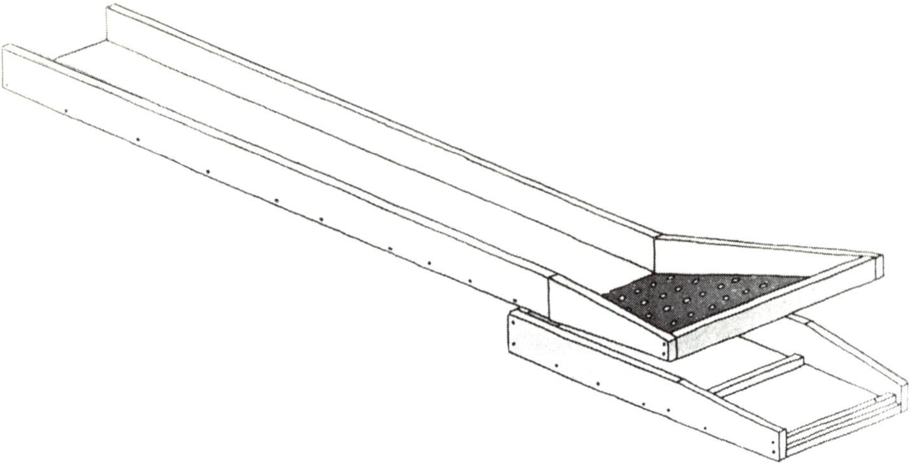

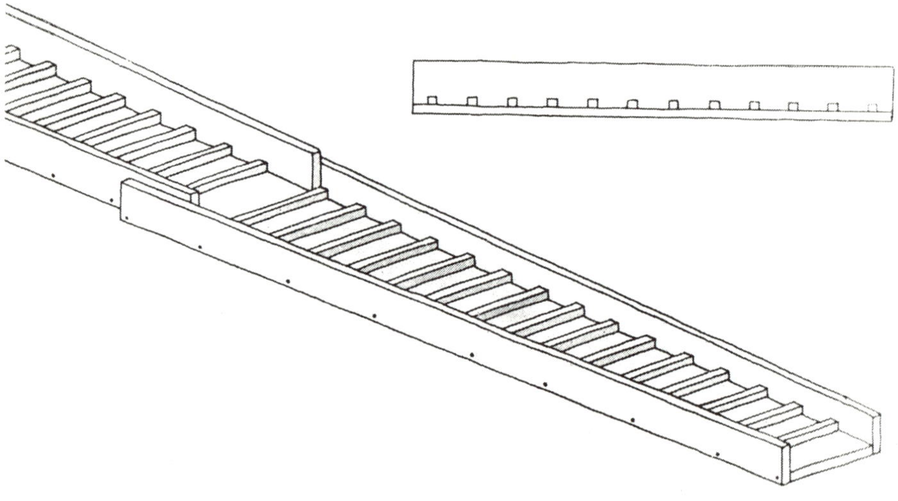

Oben: Der »lange Tom« bestand aus zwei Teilen, der Schüttelbox mit einem Eisensieb, wo ganz schwere Brocken sofort durchfielen, und einer länglichen Kiste mit Querleisten, wo die anderen Schwerteile allmählich aufgefangen wurden.

Unten: Eine verbesserte Form des »langen Tom« bestand aus aneinandergereihten Rüttlern, die einen ununterbrochenen Fluß von Wasser gewährleisteten. In einer Schleuse wurden die Schwerteile aufgefangen.

zu bezahlen, was augenblicklich die knapp 500 Männer der Stadt mobilisierte. Von nun an wurde jede ihrer Bewegungen von Hunderten von Augen bewacht, jedes ihrer Worte wurde zum Gerücht. Bis schließlich die sechs Männer die Karten aufdeckten, Garantien dafür verlangten, daß ihre abgesteckten Claims respektiert wurden – die sie erhielten –, und der Rush zur Alder Schlucht begann. Innerhalb eines einzigen Tages nach der Ankunft der Goldgräber waren die reichsten Claims abgesteckt, innerhalb von wenigen Tagen hatte eine Minerversammlung einen Bürgermeister, Richter, Geschworene, Schreibführer, Berichterstatter gewählt, einen Platz für die Auslegung einer Stadt bestimmt, und Virginia City, der »Schmelztiegel des Nordwestens«, entstand regelrecht über Nacht.

Virginia City

Von nun an führten beinahe alle Treckwege im Nordwesten nahezu automatisch nach Virginia City: Westwanderer, die ursprünglich nach Oregon wollten, um dort Regierungsparzellen kostenlosen Bauernlandes in Besitz zu nehmen, machten einen großen Schwenk über den Mullan Trail, über Mullan Pass und Hell Gate und hasteten zur Alder Schlucht. Ein Rheinländer erklärt das Motiv sehr plausibel: »Gewiß, wir wollten farmen. Das wollen wir auch immer noch. Aber warum soll man nicht ein halbes Jahr Gold aus dem Boden der Alder Schlucht kratzen, wo das Zeug meterdick einfach so herumliegen soll? Mit Säcken voll Gold läßt sich erheblich besser farmen als ohne. Also schwenkten wir alle nach Südosten ab, alle, ohne Ausnahme.«
Kalifornier, die sich in den Goldfeldern des Mother Lode immer schwerer taten, wanderten über den Donner Pass und am Humboldt River entlang nach Nordosten, um Virginia City zu erreichen. Schiffsladungen von Männern, die über den Missouri aufwärts bis nach Fort Benton gekommen waren, um zum Grasshopper Valley in Idaho zu gelangen, hielten neue Karten in den Händen, die sie nach Süden zur Alder Schlucht führten. Zu Beginn des Herbstes 1863 war ein Riesengebiet von Tausenden und aber Tausenden Goldsuchern und Glücksrittern bevölkert, in dem noch im Frühling nur wenige Trapper und Indianer Pelze sammelten.
Schon nach kurzer Zeit war alles Wild der näheren und weiteren Umgebung abgeschossen und verzehrt, waren die Zugochsen und Maultiere geschlachtet und der Lebensmittel- und Utensiliennachschub noch nicht organisiert, so daß die Nahrung bedenklich knapp

Das sogenannte »Schleusen-Waschen« in der Alder Schlucht: In einem Wasserstrom wurden Stein-Schleusen gegraben, in denen sich die Schwermetallanteile am Boden absetzten.

wurde – eine Erscheinung, die typisch für neu erschlossene Mineralgebiete war. Ein preußischer Westwanderer, Philip Freyde aus Berlin, beschrieb seine Erfahrungen als Neuankömmling:

»Ich besaß vier Zugochsen als ich Virginia City, eine unübersehbare Ansammlung von Zelten und Bretterbuden, erreichte. Ich verkaufte meine Zugochsen zu 1 Dollar das Pfund, also viermal 1200 Dollar. Ich war keine zwei Stunden in der Alder Schlucht und besaß bare 4800 Dollar! Dann, als man mir geradezu verrückte Preise für Mehl, Zucker, Tabak, Bohnen, Erbsen und Linsen bot, montierte ich einfach die Räder vom Wagen ab und begann, meine reichlichen Vorräte pfundweise zu verkaufen. Zwei Wochen nach meiner Ankunft besaß ich 11 600 Dollar! Für dieses Geld hätte ich in Berlin als Tagelöhner drei Leben lang arbeiten müssen, ohne je mehr als zwei blanke Taler zu Gesicht zu bekommen.«

Philip Freyde war der erste Geschäftsmann in Virginia City. Als er alles verkauft hatte, ritt er mit seinem Geld und einem Maultier nach Fort Benton, dem Ausrüstungszentrum und letzten Hafen der Missouri-Schiffahrt im Nordwesten und kaufte für 3000 Dollar Wagen, Gespanne, Lebensmittelladungen,

Eine künstliche Wasserleitungs-Schleuse in der Alder Schlucht.

Gewehre, Pulver, Stoffe, Nadeln, Nägel usw. und kehrte nach drei Monaten mit vier Wagen voll notwendiger Güter nach Virginia City zurück. Innerhalb eines Jahres war Freyde ein reicher Mann. Er schrieb in sein Tagebuch:

»Ich habe gesehen, wie man in diesem verrückten Land ungeheuer schnell Geld machen – aber auch nicht weniger schnell Geld wieder verlieren kann. Ich besitze jetzt 78 000 Dollar in bar. Das genügt für ein hochherrschaftliches Leben in der Mark Brandenburg. Amerika kann mir gestohlen bleiben. Ich gehe zurück.«

So klug wie der nüchterne Preuße war kaum einer. Freyde kehrte als schwerreicher Mann in seine Heimat zurück, wo seine Braut auf die Überfahrtpassage wartete, als er durch die Tür ihres Hauses trat. Er hatte nicht einmal richtig Englisch gelernt.

Ein knappes Jahr nach der Entdekkung, reihte sich in der Alder Schlucht eine Stadt an die andere: Junction, Granite, Adobetown, Nevada City, Central City, Summit, Pine Grove und Highland, und ein Mann schrieb: »Die ganze Schluchtstraße entlang stehen Tau-

sende von Hütten, Häusern, Hotels, Spielhallen, Badehütten und Geschäften. Dazwischen ist die Erde aufgewühlt wie von Millionen überdimensional großer Maulwürfe. Und dazwischen oder in verlassenen ausgewaschenen Diggins türmen sich Abfälle, übelriechender Unrat. Die Fenster sind mit Ölpapier vernagelt, vor den Türen hängen Decken. Zehn Meilen lang wimmelt es abends von Lichtern wie auf einem gewaltigen Gartenfest. Und die Straßen und Wege, die gar keine sind, sind rund um die Uhr, zu jeder Tages- und Nachtzeit, so dichtgedrängt von Reitern und Fahrzeugen, daß man keinen Schritt tun kann, ohne anzustoßen.«

Long Tom in einer zeitgenössischen Zeichnung.

Lange nicht alle Prospektoren sind Amerikaner. Sie stellen in den ersten beiden Jahren nur einen schwachen Anteil von knapp 10 Prozent. Die anderen sind Deutsche, Frankokanadier, Russen, Schweden, Polen, Norweger, Holländer, Italiener, Rumänen, Spanier, Mexikaner. Und alle diese Männer wählen ihre Vertreter in die Prospektor-Versammlungen, die die Minengesetze und Kommunalgesetze beschließen. So werden diese Gesetze etwas völlig Neues:

Virginia City in der Alder Schlucht verdoppelte sich in den ersten Monaten wöchentlich.

Was in der alten Welt gut war und hier praktikabel ist, wird übernommen, was nicht funktioniert, läßt man weg. Es gibt für jede Sprachgruppe Restaurants, Hotels, Zeitungen, Gesangvereine, Spielclubs. Immer mehr Chinesen konzentrieren sich in »Chinatowns«, Inder gründen Geschäfte, Iren streiten mit Schotten, Engländer prügeln sich mit Franzosen. Und da gerade der große amerikanische Bruderkrieg zwischen Nord- und Südstaaten im Osten tobt, gibt es immer größer werdende Parteien für den Norden wie den Süden und Neutralisten, die sich heraushalten.

Wenn die Männer unter Alkohol standen, brachen plötzlich und unversehens alte Erbfeindschaften aus. Die Engländer bekamen Streit mit Iren und Schotten, die Italiener mit Österreichern, die Deutschen mit Franzosen, die Japaner mit Chinesen, die Schweden mit Russen, Nordstaatensympathisanten mit Südstaatenanhängern.

Aber über wüste Schlägereien hinaus passierte eigentlich nicht viel. Die gemeinsamen Interessen banden stärker zusammen, als alle sonstigen Gegensätze ideeller Art trennten.

Am 26. 5. 1863 fanden sie auf der Flucht vor Croo-Indianern in der Alder Schlucht für 15.000 $ Gold: v. l. n. r. Bill Fairweather, Tom Cover, Henry Edgar, Barney Hughes und Mike Sweeney.

Postkutschenlinien verbanden die Alder Schlucht mit Bannack City, mit Salt Lake City und Bozeman. Kriminalität hielt sich in mäßigen Größenordnungen. Gelegentliche kleine Diebstähle endeten, falls sie aufgeklärt wurden, vor einem Miners-Court mit Prügelstrafe und Ausweisung. Duelle zwischen Gegnern, die die ungeschriebenen Regeln beachteten (jeder mußte die gleiche Chance haben, Unbeteiligte durften nicht gefährdet werden), fanden dutzendweise statt, ohne daß sich irgend jemand darüber aufgeregt hätte. Schließlich war es jedermanns eigene Sache, wie und ob er seinen Hals riskieren wollte. Auf den drei Friedhöfen war Platz genug, und »ein anständiger Mann hatte stets das Geld für seine Begräbniskosten in der Tasche«.

Diese »Idylle« verwandelte sich schlagartig in ein gewalttätiges Chaos, als eine große Banditenbande immer mehr Prospektoren, Postkutschen, Goldtransporte und Bankfilialen überfiel und immer mehr Getötete auf der Strecke blieben. Die Prospektoren gaben ihrem Sherriff Henry Plummer eine Chance, die Fälle aufzuklären, dann nahmen sie das Recht in die eigenen Hände, gründeten ein Vigilanzkomitee, nagelten öffentliche Warnungen an Bäume und Hauswände, und als dieses Ultimatum abgelaufen war, begannen sie, die Banditenbande, die ausgerechnet von ihrem Sheriff Plummer angeführt wurde, Mann für Mann innerhalb von wenigen Wochen aufzuknüpfen. Mehr als 25 Banditen verloren auf diese Weise ihr Leben. Aber als der Spuk beendet war, kehrte wieder bürgerliche Ruhe in die Alder Schlucht ein, die Periode der Gewaltkriminalität war beendet. Die Hauptgolddepositen lagen etwa 6 bis 7 Meter unterhalb des Bachbetts. Deshalb mußte sehr tief gegraben und geschaufelt werden, eine Arbeit, die man übereinstimmend als die schwerste auf Erden bezeichnete. Ein Mann, der dies ein Jahr lang machte, 12 Stunden täglich, 6 bis 7 Tage in der Woche, der fühlte sich nach einem Jahr zehn Jahre älter. Zahlreiche Arbeitsunfälle kosteten viele Goldsucher Gesundheit und Leben. Herabstürzende Felsbrocken, einstürzende Wände begruben einen Mann blitzschnell unter sich. Gefährliche Flugsandbänke verschlangen einen Mann, noch ehe er die Möglichkeit hatte, um Hilfe zu rufen. Nicht weniger gefährlich waren Seuchen wie Cholera und Typhus, Masern und Diphtherie, die die Diggins ständig heimsuchten und viele Leben forderten. Mancher Mann steckte sich mit Tuberkulose an, mancher starb an Bronchitis und Lungenentzündung. Viele Verletzungen führten zu Gasbrand und Blutvergiftungen. Die wenigen Ärzte, die nicht ebenfalls nach Gold gruben, bedienten sich mehr als rüder Methoden. Amputation war das Allheilmittel, um Blutvergiftung und Gasbrand vorzubeugen. Aber die meisten Amputierten bekamen diese Leiden dann erst recht. Von Krankenpflege konnte auch in jenen Bretterbuden, die sich hochtrabend »Hospital« nannten, überhaupt nicht die Rede sein. Viele Männer litten an unheilbaren Geschlechtskrankheiten wie Tripper und Syphilis. Rigorose Quecksilberkuren ließen den solcherart Behandelten die Haare ausfallen, sie verloren Zähne und Fingernägel und bettelten vor den Hotels um Almosen, damit sie wenigstens wieder nach Hause zurückkehren konnten.

Chinesen und Pfänder

1866 hatte man aus dem Boden der Alder Schlucht mehr als insgesamt 60 Millionen Dollar Gold gewaschen, aber von allen Männern, die je einen Claim abgesteckt hatten, blieben bis 1868 nur 65 Prozent am Leben. Eine Ausnahme hinsichtlich der allgemeinen Gepflogenheiten bildeten die Chinesen: Man hatte zwar Partei für und wider die Sklaverei während des Bürgerkrieges genommen, aber Sklavenhandel selbst gab es keinen in den Goldfeldern. Doch die Chinesen betrachteten ihre Frauen und Töchter als »Menschen ohne Seele«, als »Sachen«, die man verkaufen, vertauschen, in Zahlung geben, als Pfand hinterlegen konnte. Viele junge Chinesenmädchen wurden von ihren Eltern als Prostituierte in Bordells gesteckt, damit sie ihre Aussteuer – und noch einiges nebenbei – verdienten. Ein chinesischer Arzt, der Schulden bei einem Händler hatte, erklärte in einer Zeitungsanzeige, daß der Händler Wang Geu seine Ehefrau als Pfand für 500 Dollar Schulden erhalte, seine Frau als Liebesdienerin seinen Gästen anbieten könne, das Geld aber, das die Frau hierdurch verdiene, als Abzahlung der Schuld angerechnet werde. Unter der Rubrik »Entlaufen« veröffentlichten Chinesen nicht nur Anzeigen, wenn ihnen Schweine, Hunde oder Kühe abhanden gekommen waren, sondern auch, wenn ihre Töchter und Ehefrauen, Schwestern und Schwägerinnen »entlaufen« waren. Die völlig andersartigen Sitten der Chinesen, ihr ewiges Lächeln, ihre Duldsamkeit, ihr Ameisenfleiß und ihre hintergründige Cleverness setzten sie in ständigen Gegensatz zu den Weißen, die ihr Mütchen an ihnen kühlten, wann immer sich dazu Gelegenheit bot. Umgebrachte Chinesen, mißhandelte Chinesen erregten nicht mehr Aufmerksamkeit als getötete oder mißhandelte Hunde. Von keinem Goldsuchergericht wurde je ein Weißer des Mordes an einem Chinesen angeklagt oder gar verurteilt. Dennoch ertrugen die Chinesen diese außergewöhnliche Außenseiterrolle mit stoischem Gleichmut. Sie häuften Reichtum auf Reichtum auf und verschwanden dann spurlos.

Confederate Gulch

Die Geschichten um das Montana Gold sind so zahlreich wie die anderer Regionen. Eine der interessantesten ist die Entstehung von »Confederate Gulch« und »Diamond City«:

Als im Frühjahr 1864 die Armee des konföderierten Generals Sterling Price von Unionstruppen geschlagen und zersprengt wurde, fielen zahlreiche »Rebellen« den vormarschierenden Unionstruppen in die Hände, die mit diesen Gefangenen einfach nichts zu beginnen wußte. Man stellte ihnen anheim, zu einem Gefangenenlager transportiert zu werden oder aber freiwillig und auf Ehrenwort in die Wildnis Montanas zu gehen. Natürlich entschieden sich die Südstaatler für Montana und das Goldwaschen. Drei von ihnen, Jack Thompson, Washington

In der Alder Schlucht waren die Chinesen wegen ihres unermüdlichen Fleißes verhaßt.

Baker und Pomp Dennis, fanden sich im Sommer 1864 an der Mündung einer Schlucht wieder, die aufwärts zu den »Big Belts« führte. Zwei Wochen später tauchte ein anderer konföderierter Soldat, John Wells, mit einer Gruppe verbannter Südstaatler in dieser Region auf, und sie begannen, den Ufersand der Bäche zu waschen. Keine drei Tage dauerte es, und John Wells hatte die reichen »Bonanza Diggins« entdeckt, die innerhalb weniger Wochen für 2 Millionen Dollar Goldkörner hergaben. Wenig später entdeckte man die Goldfelder von Confederate Gulch, Gold Hill und Diamond City, dann Boulder Bar und Montana Bar.

Als der Krieg 1865 zu Ende war und alle Südstaaten vor dem Staatsbankrott standen, auch der Norden durch Kriegskosten und Zerstörungen bis aufs letzte ausgepumpt war, kehrten die »verbannten« konföderierten Soldaten als steinreiche Männer aus Montana zurück.

Last Chance Gulch

Im Juli 1864 waren John Cowan und drei andere Goldsucher auf

dem Rückweg nach Alder Gulch, nachdem sie monatelang vergeblich versucht hatten, Gold in den Bergen zu finden. Sie waren erschöpft, hatten keine Vorräte mehr und lagerten in einer kleinen Schlucht. Es war ihr letzter Versuch, ihre »Letzte Chance«, als sie sich an einen Bach setzten und den Ufersand zu waschen begannen. Was dann geschah, beschreibt Cowan in einem Brief an seinen Bruder in New York: »Du kannst Dir das einfach nicht vorstellen. Kaum war die erste Sandoberschicht vorsichtig weggespült, da glänzten uns in den Pfannen Goldkörner entgegen, so viele, wie ich noch nie in einer Pfanne gesehen habe. Und

John Cowan, Entdecker der »Last Chance«-Diggins, mit einer 6000 $ Ausbeute.

den anderen ging es genauso. Wir wuschen und wuschen, bis wir nichts mehr sehen konnten. Und als wir überblickten, was wir gefunden hatten, waren es zwei Lederbeutel voll Gold. Mehr als 6000 Dollar! Die ganze Nacht sind wir herumgetanzt, haben Pläne gemacht, waren betrunken, ohne einen Schluck Schnaps getrunken zu haben.«
Sie nannten ihren Fundort »Last Chance Gulch«, ein Jahr später gab man der Stadt, die sich in der

Rivalisierende Hotels versuchten mit allen Mitteln Kunden anzulocken: hier ein farbiger Portier, der ununterbrochen mit zwei Glocken bimmelt, gegenüber ein Portier, der trompetet.

Schlucht ausgebreitet hatte, den Namen Helena. Heute ist Helena die Hauptstadt von Montana. Bis 1868 hatte der Boden mehr als 16 Millionen Dollar in Gold hergegeben. Noch heute werden in Baugruben Nuggets gefunden, gibt es Dutzende alter Prospektoren, die einmal im Monat aus den Bergen kommen und in den Banken Beutel voller Goldnuggets »einzahlen«.

Auf solche und ähnliche Weise wurden Hunderte von Goldfeldern (Lodes) in Montana entdeckt. Die reinen »Placer-Gold«-Vorkommen, die man einfach aus dem Boden waschen konnte, waren rasch erschöpft. Aber Quarz-Schichten, die hochgradiges Gold- oder Silbererz enthielten, Bergwerksschächte und Stollen, Erzmühlen und Amalgamierungsfabriken verwandelten das individuelle Abenteuer der Golddiggers sehr rasch in ein ähnlich »industrielles« wie im Comstock Lode Nevadas. Schließlich wurden riesige Kupfervorkommen entdeckt, die heute noch mit sehr viel Profit ausgebeutet werden.

Gold in Idaho

Beinahe zur gleichen Zeit der Entdeckung der Alder Schlucht wurden ähnlich reichhaltige Goldvorkommen auch in den Felsgebirgsregionen von Idaho gefunden. Und auch hier – zwischen dem Cœur d'Alene See im Nordwesten bis hinunter nach Twin Falls im Südwesten – vollzog sich die hektische Entwicklung ähnlich wie in Kalifornien, Nevada und Montana. Dem fieberhaften, chaotischen Boom der ersten Monate und Jahre folgte das Ende häufig regelrecht über Nacht. Dann stellte man auch hier ausgedehnte Silberquarzvorkommen fest, die Landschaft Idahos überzog sich in atemberaubender Schnelligkeit mit Bergwerksschächten, und ein Netz von Stollen erforderte Unmassen von Holz. Rasch errichtete Holzfällerfirmen schlugen alle Wälder der näheren und weiteren Umgebung kahl, Sägemühlen bereiteten die Stämme zu Stempeln und Verbauungskappen, Erzmühlen und chemische Aufbereitungsanlagen schossen ebenso rasch und zahlreich aus dem Boden wie die Boardinghäuser, Pensionen und Mietbaracken für Tausende von Minenarbeitern.

Die Methoden unter Tage entsprachen den rüden Sitten über Tage: Gewalttätige Aufseher machten eine Zeitlang den Bergleuten das Leben zur Hölle, aber nur eine Zeitlang, denn diese Miner waren eine hartgesottene Gesellschaft und nahmen – zum äußersten getrieben – mehr als einmal Recht und Gesetz in die eigene Hand. So geschehen in der Mahogany Mine in Silver City: Der »Owyhee Avalanche« vom 27. 4. 1872 berichtet:

»Aufruhr unter den Minern in Idaho! 300 Miner der Mahogany Mine in Silver City haben sich versammelt und ihren Aufseher John Jewell beschuldigt, sie unter Tage geradezu viehisch behandelt zu haben. Sie beschlossen, Jewell aufzufordern, sofort die Mine und die Stadt zu verlassen. Als der Superintendent der Mine Jewell deckte und 40 schwerbewaffnete Männer und zwei Haubitzen aufmarschieren ließ, um den ›Produktionsfrieden‹ wiederherzustellen, schlossen sich die Miner von vier benachbarten Minen dem Aufstand an und drohten, die Arbeit so lange niederzulegen, bis John Jewell die Gegend verlassen habe. Die Verwirklichung dieser Drohung hätte den Bankrott aller fünf Minengesellschaften zur Folge gehabt. Am nächsten Tag hatte der unbeliebte Aufseher Silver City verlassen. Und wie wir hören, wird keine Mine in Idaho, Montana, Nevada und Kalifornien ihn je wieder einstellen. Diese Einigkeit unter den Arbeitern ist ein völlig neues Phänomen. Wenn man so etwas zur Gewohnheit macht, könnten solche Aufstände die Welt verändern.«

Die meisten Goldgräberlager in Idaho erlebten Aufstieg und Untergang innerhalb von nur wenigen Monaten, und beides war stets gleichermaßen hektisch: Das »Century

Magazine« vom Oktober 1884 schrieb unter der Überschrift »Cœur d'Alene Stampede!«:

»Das ganze dauerte keine sechs Monate. Grundstücke mit Blockhäusern, die letzten Februar noch fünfzehnhundert Dollar kosteten, sind nun für 50 zu haben. Kaum sind die Adern erschöpft, hat jeder nur noch ein einziges Interesse: so schnell wie möglich Hütten, Zelte, Grundstücke, Claims, Möbel, Sachen und Whiskey zu jedem Preis zu verkaufen und sich davonzumachen. Wer bleibt, tut dies nur, weil er nicht weg kann. Mit Wagen, auf Reittieren, aber auch zu Fuß ergießt sich ein Strom von gestern noch seßhaften Städtern über die halbfertigen Straßen. Aber wer dann endlich den Fluß erreicht, der hat sein Pferd zuschanden geritten, seinen Wagen zu Bruch gefahren, seine Füße ruiniert, nur um so rasch wie möglich irgendwo ein Kanu zu erwischen, das ihn mit 10 Meilen Geschwindigkeit pro Stunde davonträgt.«

Entlang der drei großen Wasserläufe Salmon River, Snake River und Clark River, sprossen die Goldgräberstädte empor » wie nach einem warmen Sommerregen, farbenprächtig wie sonst nichts auf der Welt«. Heute sind es zum Teil gut erhaltene und gepflegte Geisterstädte, die alljährlich cleveren Souvenir- und »Nostalgie«-Händlern ein mehr als genügsames Auskommen sichern.

Colorado (Pikes Peak or Bust)

»Die Leute, die um die Mitte des 19. Jahrhundert am meisten von der Goldsuche und -ausbeute verstanden, waren die Cherokee-Indianer. Sie hatten schon Hunderte von Jahren vorher regelrechte Bergwerke im jetzigen Georgia gehabt, waren dann 1837 von den Amerikanern nach Oklahoma vertrieben worden. Früh im Mai 1858 machten sich 50 Cherokees unter der Leitung des Cherokee-Priesters John Beck nach den Rocky Mountains auf, um dort nach Gold zu suchen. Mit 14 Wagen, gezogen von 33 Ochsenpaaren, zwei Pferdepaaren und 20 Pferden, erreichten die Cherokees am 2. Juni 1858 den Arkansas River, folgten seinem Lauf nach Norden und erreichten den South Platte (wo heute Denver steht). Hier trafen sie auf Cherokees aus Georgia und Missouri. Insgesamt 104 Indianer suchten nach Gold, gaben es aber am 4. Juli 1858 entmutigt auf. Nur 30 Männer blieben, unter ihnen Green Russell. Aber bald verließen 17 Männer auch diese Gruppe und folgten den Cherokees nach Oklahoma zurück. 8 Meilen vor der Mündung des Cherry Creeks in den South Platte fand Green Russel Placer Gold. Es waren bescheidene Vorkommen, die sich rasch erschöpften, so daß man Ende September nach Oklahoma zurückkehrte.«

Aus: The Colorado Story, Haven, S. 153–154

Cherokee-Gold

Diese ersten Versuche der Cherokees, ihr nationales Budget in Oklahoma, wo sie als sogenannte »zivilisierte Nation« in Selbstverwaltung und eigener politischer Verantwortung seit etwa 20 Jahren wieder »auf die Beine zu kommen« versuchten, durch Goldfunde zu erweitern, waren gescheitert. Nach den Feststellungen von John Beck gab es kein Gold in den Rocky Mountains, Green Russell war der Meinung, daß sich Abbau nicht lohnte. Aber kurz bevor die 13 Russell-Goldsucher ihre Placer-Waschstätten am Cherry Creek verließen, kamen ein paar Trapper aus den Bergen dorthin, die sich ebenfalls als Goldsucher versuchten und ein paar Unzen Goldkörner in mühsamer Arbeit aus dem Ufersand wuschen. Als sie wenig später nach Kansas City kamen und ihren Fingerhut voll Goldstaub vorzeigten, war es der »Kansas City Journal of Commerce« (das Kansas City Handels-Journal), der am 26. August 1858 unter den Balkenüberschriften »Das neue Eldorado!!! Gold in Kansas!! Die Pikes Peak Minen!« aus der »Mücke einen journalistischen Elefanten« machte: »Mr. John Cantrell, ein alter Bürger von Westport, hat am Cherry Creek mit einer Bratpfanne drei Unzen Gold aus Uferdreck gewaschen, den er mit einem Beil gegraben hat.

Monsieur Richard, ein alter französischer Trapper, besitzt auch einige Unzen Goldkörner, die er mit einer Streitaxt einfach ausgegraben hat. 5 bis 25 Dollar Goldkörner können pro Tag aus dem Goldenen Sand des Cherry Creeks gewaschen werden.«

Bereits am 3. September brannte der Goldboom in den Kansas-Zeitungen auf großer Flamme. Eine Zeitung schrieb: »Jedermann spricht nur vom Gold! Die erste Frage, die man am Morgen in der Stadt hört, ist: ›Was gibt's Neues von den Goldfeldern?‹ Alte Männer, junge Männer, Frauen und Kinder stehen in Gruppen zusammen und diskutieren auf das heftigste die Möglichkeit und Unmöglichkeit von Goldfunden beinahe in unserer Mitte. Wenn das bis zum Frühjahr so weitergeht, wird unsere Stadt bald entvölkert sein.«

Viele ließen alles stehen und liegen und machten sich gleich ohne Aufenthalt auf den Weg nach Colorado. Die erste Welle erreichte die Rocky Mountains Anfang Oktober. Sie fanden die »Goldgruben« der Trapper und der Cherokees verlassen vor, stürzten sich darauf und erlebten – natürlich – keine kleine Enttäuschung, als der Boden so gut wie nichts hergab.

Dennoch hielt der Menschenstrom an. Tausende und aber Tausende bevölkerten plötzlich die wüsten Gebirgsregionen der Rocky Mountains, schufteten von Sonnenaufgang bis -untergang, schlugen ganze Wälder kahl, um Blockhäuser für den Winter zu erbauen, und gründeten eine Stadt nach der anderen: Das spätere Denver wurde Auroria genannt und dann nach dem Gouverneur von Kansas, James W. Denver. In der Pikes Peak Region gründete man Boulder und Colona (später La Porte). Fountain entstand, Pueblo, Colorado Springs, Arapahoe und Georgia.

William Green Russell, der 1858 am Cherry Creek in Colorado Placergold fand und damit den »Pikes Peak« Goldrausch auslöste.

Aber dennoch beschränkte sich der

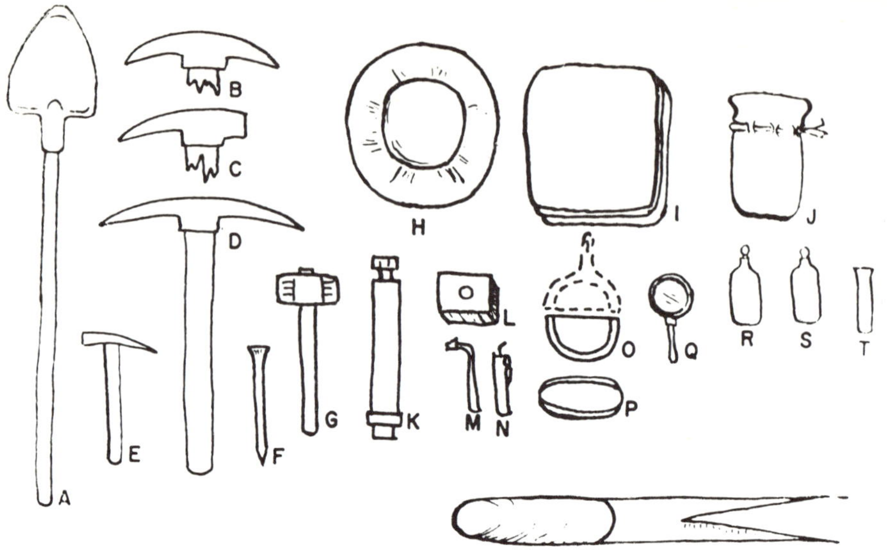

Zeitgenössische Zeichnung der Ausrüstung eines Colorado-Prospekts: A – Schaufel, B – Quark-Pike, C – Hacke, D – Gestein-Pike, E – Geologen-Hammer, F – Meißel, G – 4 Pfund-Hammer, H – Waschpfanne, I – Tücher, J – Proben-Beutel, K – Rohrbohrer, L-T – Chemische Reagenzien und Geräte.

Wert der gesamten Goldfunde in dieser Region auf wenige hundert Dollar, die ihren Findern »nicht einmal das Salz in der Suppe« brachten. Es ist ein Phänomen ohnegleichen, daß trotzdem ständig von gewaltigen Funden und Bonanzas die Rede war; niemand weiß heute, ob die Journalisten in Kansas die enttäuschenden Nachrichten aus den Rockys einfach für »Schutzparolen« hielten, damit »sie das Gold allein und für sich ausbeuten können«, oder ob sie ganz einfach den Zeitungsverkaufsboom mit dem Goldboom und den abenteuerlichsten Nachrichten hierüber weiter – in eigenem Interesse – anheizen wollten. Fest steht jedenfalls, daß niemand enttäuschende Nachrichten zur Kenntnis nehmen und weitergeben oder gar kommentieren wollte. Es mag aber auch an der Wirtschaftskrise von 1857 gelegen haben, durch die viele ihre Ersparnisse, Geschäfte und Jobs verloren hatten, daß die Darstellungen ernsthafter Männer, die das alles als »Humbug« bezeichneten, einfach nicht gehört werden wollten. Die meisten, die mit leeren Händen wieder in den Osten zurückkehrten, erzählten Schauergeschichten von massenhaftem Gold, das ihnen Indianer abgenommen hätten, nur um nicht zugeben zu müssen, daß sie vergeblich alle Mühen und Entsagungen auf sich genommen hatten.

Das heiße Jahr 1859

So geschah es, daß sich die Ausrüstungsstädte am Missouri, St. Louis, St. Joseph und Westport im Winter auf ein »heißes Jahr 1859« einrichteten. Die Geschäftsleute kauften, was erreichbar war, und in den Depots stapelten sich Tonnen von Säcken mit Mehl, Zucker und Bohnen, Kaffee, Erbsen, Reis und Trockenfrüchte, von Fässern mit Melasse, Whiskey, Öl und Essig, ganze Wände hingen voll von geräucherten Speckseiten und Schinken, und die Depots waren bis unters Dach vollgestopft mit Konserven, Ballen von Kleidungsstücken und Unterwäsche, Kisten gefüllt mit Schuhen und Stiefeln, Schaufeln, Hacken, Schüsseln und Äxten. Ochsenjoche, Geschirrketten, Zügel und Kopfgeschirre, Sättel, Wagen und Karren, Planspriegel und Planen, Ersatzachsen und Radspeichen wurden in regelrechten Bergen gestapelt. In übereinanderliegenden Regalen lagerten Perkussionsgewehre, doppelläufige Schrotflinten, Pistolen und Revolver, Fässer voller Schwarzpulver, Kisten voll Zündhütchen, Stangenblei, Kugelzangen, Messer und Derringer. Im Februar schrieb eine Chicagoer Zeitung: »Gegen das, was sich hier für den Ansturm im Westen rüstet, ist Napoleons Armee ein lächerliches Häuflein.«

Die Zeitungen konnten sich nicht genug darin tun, den künftigen »Argonauten« Ratschläge für Bewaffnung und Ausrüstung zu geben. Ein Führer zu den Goldfeldern nach dem anderen wurde veröffentlicht. Die abenteuerlichsten Karten erschienen, und die verrücktesten und gefährlichsten Ratschläge wurden für den Umgang mit Indianern gegeben. Die Ausrüstungsstädte, regelrechte »Drehscheiben des Abenteuers«, versuchten sich gegenseitig als die erfahrensten den Rang abzulaufen. Als die Schneeschmelze begann, war der Schlachtruf des Booms geboren: »Pikes Peak or Bust!« (»Zum Pikes Peak oder Untergang!«). Im März schrieb ein kritischer Redakteur in Kansas City jenen sarkastischen Kommentar:

»Enthusiastisch, frohgemut, mit leichten Herzen und einem Paar dünner Hosen meinen sie, alle ihre Hoffnungen im Handumdrehen erfüllen zu können. Viele haben ihre Häuser und Wertsachen verkauft, um sich für die Pikes Peak Minen auszurüsten. Die meisten lassen ihre Frauen und Kinder ohne jeden Schutz oder Unterstützung zurück und jagen der Illusion glitzernden Sandes voller goldener Eier blindlings nach. Man denke nur an mehr als 100 000 Personen, verteilt auf ein paar Meilen wilden Landes, die wie Maulwürfe im Boden wühlen, um irgendwo Reichtum zu finden. Sie verschlingen ranziges Fleisch, schlafen auf dem Boden, in Regen, Schnee und Hagel, in Hitze und in Kälte, trocken und naß, stehen früh auf, gehen spät zur Ruhe – Waffen griffbereit und stets auf der Hut vor Indianern, wilden Tieren und Banditen, wühlen die Erde auf, kehren wie Giganten das Unterste zuoberst, und das alles für eine blanke Illusion, weit entfernt von der Geborgenheit der Zivilisation, von Lieben, Freunden und Partnern. Sie riskieren Kopf und Kragen, Hals und Nacken, Gesundheit und Leben. Mit weniger als nur der halben Energie würden sie zu Hause bleibende Werte aufbauen, die Taschen voller Geld haben, ihre Geschäfte und Farmen würden aufblühen, sie würden Glück und Segen über sich, ihre Familien und Freunde bringen, Glücklichsein, Bequemlichkeit und Frieden genießen.«

Solche Visionen haben wahrscheinlich nicht einen einzigen Goldsucher abgehalten, und im April/Mai 1859 rumpelten endlose Planwagenkarawanen gen Westen, nachts leuchteten Tausende von Lagerfeuern in der baumlosen Steppe zwischen Missouri und dem Felsengebirge, und schließlich, als die Spitze den Cherry Creek und Pikes Peak erreichte, war es ein ununterbrochener Strom, der sich gen Westen wälzte.

Unter den Goldsüchtigen, die Kansas/Missouri verließen, befand sich Horace A. W. Tabor mit seiner Frau Augusta und einem kleinen Baby. Mrs. Tabor schrieb in ihr Tagebuch:

»Am 5. Mai machten wir uns mit einem Wagen voller Utensilien, mit unseren Kühen und zwei zweijährigen Stieren auf den Weg. Ich kletterte mit dem Baby in den Wagen, und Mr. Tabor schwang die Peitsche. Unterwegs gab es keinen Weg, keine Straße, keinen Ort, keine Station, sondern nur Indianer – die allerdings freundlich waren. Aber ich war, als wir endlich Denver erreichten, durch Erschöpfung, Fieber und Angst dem Tode nahe. Wir kamen am 16. Juni in Denver an, das Vieh war fußkrank und bis auf die Knochen abgemagert.«

Im ersten Jahr fanden Prospektoren überall in den Bergen Goldvorkommen, und jeder Fund lockte neue Scharen von Glücksrittern nach Colorado. Auch Horace (Haw) Tabor, der mit seiner Frau eine Pension und Posthalterei betrieb, machte gelegentlich Ausflüge in die Berge und sammelte auf diese Weise für 15 000 Dollar Gold. Aber John H. Gregory war der erste Mann, der überhaupt ein reichhaltiges Vorkommen, die erste »Ader« fand und die Stadt Central City gründete. Sein Fund veranlaßte ein Heer von Enttäuschten, Colorado nicht zu verlassen, sondern zu bleiben. Entlang dieser unterirdischen

Die Geologen William Stevens (links) und Alvinus Woods (rechts) entdeckten, daß der »schwarze Dreck«, den unerfahrene Goldsucher enttäuscht außer acht ließen, reichhaltig Silber enthielt.

Goldader erfolgten immer neue Funde, und so entstanden Black Hawk, Georgetown, Breckenridge, Silver Plume, Fairplay, Recen, Kokomo, California Gulch, Oro City und schließlich Leadville.
Der ganze Goldboom in Colorado hatte bis 1875 etwa insgesamt 50 Millionen Dollar erbracht, als die erfahrenen Geologen William Stevens und Alvinus Woods sich für den schwarzen Sand interessierten, der die unerfahrenen Goldsucher so schwer enttäuscht hatte. Sie stellten fest, daß es sich um reichhaltige *Silber*-Vorkommen handelte. Sie suchten die Stelle, an der die Silberader zu Tage trat, fanden sie, gaben sich Mühe, den Fund geheimzuhalten, aber Tage später brach der größte Boom aller Zeiten los:

Tabor und das Colorado Silber

Unter denen, die in die neuen Silberfelder zogen, befand sich auch Horace Tabor. Er betrieb die Post in Leadville, der neuen Silberbergbauregion, einen Ausrüstungsladen und seine Frau Augusta ein Speiselokal. Eines Tages standen

die beiden mittellosen Prospektoren Georg F. Huck und August Rische, beide Deutsche, vor seiner Theke und schlugen ihm vor, daß er sie mit einer kompletten Ausrüstung versehen sollte, wofür sie ihm künftig ein Drittel von allen Funden geben würden. Tabors Frau war gegen diesen Handel, aber Horace Tabor schlug ein. Die Ausrüstungssumme betrug 64,75 Dollar. Wenig später fanden die beiden Prospektoren die »Little Pittsburgh« Mine. Wenige Monate danach hatte Tabor für 500 000 Dollar Silber aus der Mine herausgeholt und verkaufte sie für 1 Million Dollar.

Von nun an schien sich unter Tabors Händen alles in Geld zu verwandeln, was er anfaßte: Er kaufte von zwei Schwindlern, die einen Claim »gesalzen« hatten (Silbererz in den Boden bringen, um Vorkommen vorzutäuschen), einen Claim für 10 000 Dollar und fand wenig später die reichsten Silbervorkommen Amerikas, den »Chrysolite

Oben links: Horace Tabor.

Oben rechts: Augusta Pierce Tabor, 1880.

Rechts: Baby Doe, 1882. Sie bot dem Silberkönig Tabor reichlich Gelegenheit, seinen Reichtum »konzentrisch zu verschwenden«.

Lode«. Die wertlose »Matchless« Mine kaufte er für 117 000 Dollar, und als sich die Verkäufer ins Fäustchen lachten, fand Tabor in der Matchless Mine eine Silberader, die unerschöpflich schien: Jeden Monat brachte sie ihm 120 000 Dollar. Er kaufte Claims, Minen, baute Hotels, Speiselokale, Geschäfte, eröffnete eine Bank und erbaute die luxuriöse Tabor-Oper, deren Wände mit kostbarem Kirschbaumholz aus Japan dekoriert waren. Seine Frau Augusta, eine strenggläubig sparsame Neu-Engländerin, konnte sich den überschäumenden Ambitionen ihres Mannes nicht anschließen. Sie be-

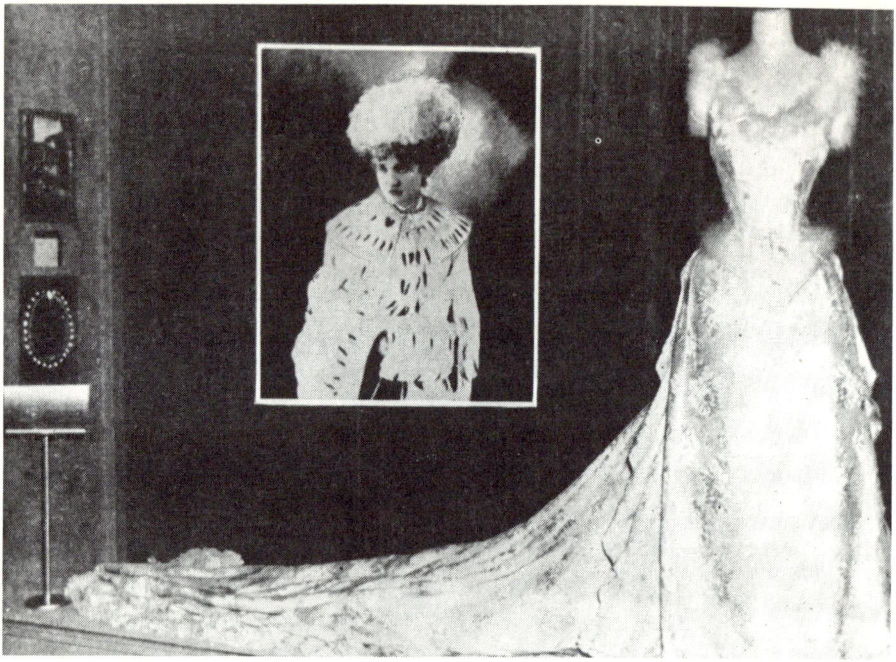

Oben: Baby Doe Tabor und ihr Hochzeitskleid mit Hermelinmantel.

Links: Baby Doe's Tochter »Silver Dollar« war das meistgefeierte und -verwöhnte Baby Colorados.

Rechts: Baby Doe Tabor als weiblicher Tramp in den Straßen von Denver, 1934.

stand darauf, in Denver in einer Wohnung für Dienstboten zu wohnen, und hielt sich im Vorgarten eine Milchkuh, während Horace A. W. Tabor, der »Silberkönig von Colorado«, einen Pomp wie ein europäischer Feudalherrscher entwikkelte. Er liierte sich mit der jungen, schönen Elizabeth (Baby) Doe, ließ

sich scheiden, fand seine Frau fürstlich ab, heiratete Baby Doe, ließ ihr einen Hochzeitsmantel aus Hermelin anfertigen und mietete eine Suite im Denver Hotel Windsor. Zu seinen Gästen zählten herrschende Potentaten ebenso wie der Präsident der USA Chester A. Arthur. Er besaß einen eigenen Sonderzug mit Luxuswagen und verbrauchte als Lebensunterhalt 300 000 Dollar im Monat, eine Summe, die dem gesamten Weißen Haus in Washington für alle Verbindlichkeiten genügte. Als der US-Kongreß sich 1893 entschloß, die amerikanische Währung vom Silberstandard auszunehmen und den Goldstandard einzuführen, war Horace A. W. Tabor regelrecht über Nacht ein Bettler. Seine Minen waren keinen Cent mehr wert, der ganze Silberboom in den USA brach zusammen. Als all sein Besitz versteigert war, blieben ihm nur noch die Juwelen Baby Does. Die Tabors siedelten in ein billiges Boardinghaus um, und der große H. A. W. arbeitete für drei Dollar den Tag als Tagelöhner. 1898 gelang es ihm, den Posten eines Postmeisters in Denver zu erhalten. Das Jahresgehalt von 3500 Dollar erlaubte es ihm, bescheiden zu leben. Anderthalb Jahre später starb der farbenprächtigste Mineralkönig, den die USA je gehabt hatten, an Blinddarmentzündung. Während der nächsten zwölf Jahre lebte Baby Doe vom Verkauf einzelner Juwelen. 1911 zog sie in das kalte, alte Werkzeughaus der Matchless Mine um und suchte in den verfallenen Schächten nach Silbererz, für das ihr mitleidige Geschäftsleute Lebensmittel gaben. Nach einem dreitägigen Schneesturm fand man ihren steifgefrorenen Körper zusammengekrümmt vor der Haustür. Sie wurde in aller Stille neben ihrem Mann beigesetzt. Anders das Schicksal von Augusta Tabor. Sie hatte aus der Scheidungsabfindung anderthalb Millionen Dollar gemacht, die sie, als sie starb, ihrem Sohn Maxcy Tabor hinterließ.

Zur selben Zeit legten die Guggenheims in Colorado den Grundstein für ihren sagenhaften Reichtum. Sie bemächtigten sich angesichts des Zeitalters der Elektrizität des Kupfers von Colorado, zu einer Zeit, da den meisten Ingenieuren Kupfer gerade gut genug schien, daraus Küchengeschirr und Blumentöpfe zu fertigen.

Coloradostädte wie Cripple Creek, Ouray, Telluride, Silverton, Durangee, Howardsville, Creede und Victor erlebten Aufstieg und Niedergang gleich dutzendweise. Waren die Goldvorkommen erschöpft, der Boom zu Ende, eine Stadt zur Geisterstadt geworden, entzündeten bald wieder Silberfunde ein neues Fieber, dann Kupfer, schließlich Mangan und Uranerze. Heute ist Colorado so reich an Tausenden von geisterhaften Camp- und Stadtüberresten wie Kalifornien, Nevada, Idaho und Montana.

Treasure Mountain und französische Goldbarren

Colorado ist besonders reich an Geschichten von »verlorenen Schätzen«, und es hat sich im Laufe der Zeit tatsächlich erwiesen, daß die meisten hiervon auf Wahrheit beruhen: Da ist zum Beispiel die phantastische Geschichte des »Treasure Mountain« (Schatz-Berg). 1790 machte sich von dem französischen Handelsposten aus (heutiges Fort Leavenworth) eine Expedition von 300 erfahrenen Geologen, Arbeitern, Mechanikern und Soldaten auf den Weg nach Westen, mit 450 Pferden und mit Werkzeugen und Utensilien für ein paar Jahre, um die Mineralressourcen von Louisiana zu erforschen. Hierbei überschritten sie die Grenze von Neu-Spanien und fanden in mittlerer Höhe des Treasure Mountain eine reichhaltige Goldader, die sie sofort auszubeuten begannen. Sie trieben Schächte in den Berg, folgten der Ader und schmolzen das Gold zu Barren zusammen. Als sie im Winter nicht weiterarbeiten konnten, gingen sie nach Taos (heutiges New Mexico),

Der legendäre Prospektor Wilhelm Jacob Rocktaeschle (aus Reutlingen), der 1892 plötzlich mit kleinen einpfündigen Goldbarren bezahlte.

gaben sich als Landvermessertrupp aus, der Französisch-Louisiana erforschte, wurden von den Spaniern freundlichst aufgenommen und bewirtet, und im Frühjahr zogen sie wieder in die Berge. Als sie für etwa 5 Millionen Dollar (heutiger Wert: etwa 500 Millionen Dollar) Goldbarren besaßen, machten sie sich auf den Weg zurück nach Louisiana, wurden aber von feindlichen Indianern in schweren Kämpfen bis auf 17 Mann niedergemacht. Sie verbargen das Gold, und bald lebten nur noch fünf Männer, als sie den Arkansas River erreichten. Auf dem langen Marsch durch die Prärie lebten sie von Rinde und Beeren. Als sie nahe daran waren, zu verhungern, zogen sie Lose. Der Verlierer wurde getötet und verzehrt. Auf dem Wege nach Fort Leavenworth gab es drei Verlierer. Nur der Historiker der Expedition, Lucien LeBreux, erreichte lebend das Fort, der zweite starb. LeBreux hatte sorgfältige Karten des verborgenen Schatzes angelegt, wovon er eine der französischen Regierung überließ, die zweite behielt er selbst.
Bevor Napoleon 1803 Louisiana an die USA verkaufte, schickte er zwei Expeditionen nach Colorado, um

den sagenhaften Schatz zu heben. Aber die Berge veränderten nach jeder Schneeschmelze durch Geröll und Erdrutsche ihr »Gesicht«, Sandstürme, Wolkenbrüche und erodierender ständiger Wind taten ein übriges, so daß beide Expeditionen unverrichteterdinge wieder zurückkehrten.

Verwandte des französischen Historikers LeBreux versuchten bis 1889 ein Dutzend Mal den »verlorenen Schatz« zu finden, wiederum vergeblich. 1892 tauchte in Pagosa Springs der alte, sprichwörtlich erfolglose Prospektor Wilhelm Jakob Rocktaeschle auf und bezahlte mit kleinen einpfündigen Goldbarren, die den Stempel der französischen Krone und die Jahreszahl 1791 trugen. Er verkündete lärmend, daß er im nächsten Jahr »ganz Amerika kaufen« werde. Er versuchte mehrfach, sich heimlich wieder davonzustehlen, doch gierige Goldsucher folgten ihm auf Schritt und Tritt, so daß er ständig im Kreise herumlief und sie beschimpfte. Schließlich verlor Rocktaeschle den Verstand. Und während man ihn folterte, kicherte er und erzählte von einer ganzen Höhlenwand aus »Goldsteinen«, verlor das Bewußtsein und starb. Bis auf den heutigen Tag sucht man nach diesem französischen Schatz.

Lost Simpson Mine

Im März 1891 erregte der Prospektor Alex Cobsky Aufsehen, als er zwei Eselsladungen des reichsten Quarzgoldes zu einer Schmelze in Pueblo brachte, wofür er 12 500 Dollar erlöste. Noch während die Tageszeitungen der Region voll der gewagtesten Spekulationen waren und sich ein neuer Goldboom im Süden Colorados ankündigte, verschwand der gebürtige Pole spurlos in den Bergen und kehrte nach vier Monaten mit einer zweiten Ladung des gleichen Erzes zurück, für die er 17 500 Dollar erhielt. Es stellte sich an Hand von Gesteinsvergleichen im geologischen Institut von Colorado bald heraus, daß Cobskys Erz haargenau jenem aus der »verlorenen Simpson Mine« entsprach. Jack Simpson hatte 1869 am Silver Mountain in der Nähe des La Veta Passes eine Goldader gefunden, eine Ladung Erz in Geld umgewechselt, wurde aber, ehe er ein zweites Mal seine Mine aufsuchen konnte, von Indianern ermordet.

Alex Cobsky wurde bald »Two Men Alex« genannt: Wenn er sich in Pueblo, Denver oder Colorado Springs aufhielt, war er der spendabelste und freundlichste Mensch, den man sich denken konnte. Er schenkte den Kindern blanke Goldnuggets zum Spielen, Frauen hübsche Kleider, und seinen Freunden

Das Colorado Erz mußte aus der Tiefe der Erde gebrochen werden und wurde mit Eisenkörben aus den Schächten zu Tage geholt.

gab er Darlehen, die er nie zurückforderte. Aber wenn er in die Berge ging, verwandelte er sich in einen regelrechten Partisanen. Ständig bewachte er mit geladenem Gewehr jedes menschliche Lebewesen, und mancher neugierige Goldsucher, der seinen Spuren gefolgt war, kam nach einem geheimnisvollen Schuß aus dem Unbekannten nur mit knapper Not mit dem Leben davon. Als er im März 1937 durch einen Autounfall ums Leben kam, hatte er für 2 Millionen Dollar Quarzgold eingetauscht. Er nahm das Geheimnis seiner Mine mit in den Tod.

Eines Tages im Jahre 1868 kam ein langjährig erfolgloser alter Prospektor mit einer Wagenladung voll Erz nach Pueblo zu einem Geologen. Als dieser ihm nach kurzer Untersuchung erklärte, daß sein Wagen wertloses Zeug enthielt, ging der Prospektor in die nächste Kneipe und trank sich regelrecht zu Tode. Man entfernte den schweren, von einem Zehngespann gezogenen Murphywagen mit 3 Tonnen Erz und stürzte die Gesteinsbrokken in ein nahes Bachbett.

Neun Jahre später betrachtete ein Forellenangler einige der in der starken Strömung des Baches noch verbliebenen Erzbrocken, brachte sie zu einem anderen Geologen, und es stellte sich heraus, daß es sich um den reichsten Goldgehalt handelte, der je in Colorado entdeckt worden war. Aber die kleinen Erzbrocken hatten sich in all den Jahren über den ganzen Lauf des Baches verteilt. Dennoch fanden Prospektoren noch etwa 10 Prozent der Erzladung, die ihnen mehr als 20 000 Dollar einbrachten. Die Mine aber, aus der der alte Prospektor das Erz gebrochen hatte, wurde nie wieder gefunden.

Solche Stories von nicht wiedergefundenen Minen – selbst dann nicht auffindbar, wenn sie markiert waren und wenn sorgfältige Karten angelegt wurden – mögen Europäern merkwürdig und im hohen Grade unglaubwürdig vorkommen. Aber es ist eine Tatsache, daß die Naturgewalten – in Amerika besonders regelmäßig und stark – die Oberfläche von Landschaften innerhalb von wenigen Wochen und Monaten, ja oftmals nur innerhalb weniger Stunden so total verändern, daß Höhlen- und Schachteingänge vollkommen verschüttet, Ausgrabungen zugeweht werden. Die meisten »wiedergefundenen Schätze«, von denen innerhalb des vergangenen halben Jahrhunderts die Rede war, sind durch reinen Zufall und weniger durch systematische Suche gefunden worden.

Die Deserteur Mine

Ein Beispiel: William Perkins, besser unter seinem Spitznamen »Moccassin Bill« bekannt, befand sich im Herbst 1878 mit einem Freund auf einem Jagdausflug am Sierra Blanca Peak in den Sangre de Christos Range, als atemlos ein Soldat in sein Lager stürzte. Moccassin Bill, einer der erfahrensten Jäger der Rocky Mountains, hatte gleich gemerkt, daß der Soldat ein Deserteur war und deshalb den Weg über die felsigen Berge genommen hatte, um jede Spur hinter sich zu verwischen. Er sagte es dem Soldaten auf den Kopf zu, und dieser gestand, daß er eine Comanchen-Großmutter gehabt und General Nelson Miles ihn deshalb gezwungen habe, beim großen Round-Up der Comanchen im Palo Duro Canyon des texanischen Pfannenstiels mit einer Gatling-Maschinenkanone auf vier sich ergebende Comanchen zu feuern. Seit dieser Zeit habe er beschlossen, die »unehrenhafte« Armee zu verlassen. Er zeigte Moccassin Bill, daß er die Taschen voller Nuggets hatte, und Bill war ein erfahrener Prospektor, der sofort sah, daß es sich um blankes, reines Gold handelte. Der Deserteur, der auf der anderen Seite des Berges eine Höhle gefunden hatte, in der sich eine »oberschenkeldicke« Goldader befand, hatte kein Interesse daran, die Ader auszubeuten – dazu hätte er auch gar keine Gelegenheit gehabt, weil ihn sonst sicher die Häscher der Armee gestellt hätten. Er erbat sich von Moccassin Bill ein gesatteltes Pferd, Wasser und Proviant für ein paar Tage und zeichnete dafür die gefundene Höhle genau auf. Bill schätzte, daß sie sich knapp drei Reitstunden entfernt befand. Kaum war der Soldat mit dem Pferd und den Utensilien in der Nacht verschwunden, brach ein Wolkenbruch, eine sogenannte »Flash Flood«, über diesen Teil der Berge herein. Innerhalb von nur wenigen Minuten standen Schluchten haushoch unter Wasser, verwandelten sich armselige Rinnsale in schäumende Sturzbäche. Am nächsten Morgen war der Hügel, auf dem Moccassin Bill mit seinem Partner Schutz gesucht hatte, vollkommen verändert. Sie suchten vier Wochen nach der »Deserteur Mine«, hatten aber keinen Erfolg.

South Dakota (Der Black Hills Goldrush)

»Der Bergbau im Fernen Westen lebte viele Jahrzehnte vom sogenannten ›Tramp-Miner‹. Und tatsächlich, diese ruhelos umherwandernden Lohnarbeiter waren hauptsächlich jene Gescheiterten, die die eigene Suche nach Gold oder Silber längst entmutigt aufgegeben hatten, andererseits aber für ein geregeltes Leben in der östlichen Zivilisation endgültig verloren waren. Die meisten waren Alkoholiker, Landstreicher, viele waren vor Schulden, vor Anklagen, vor dem Sheriff oder vor kinderreichen Frauen auf der Flucht. Der Westen bot ihnen das beste Refugium, das sie sich wünschen konnten.
Von diesen ›Tramp-Minern‹ sagte man, daß man ihrer acht bedürfe, um eine normale Mine in Betrieb zu halten: zwei die kommen, zwei die gehen, zwei die herumwurschteln und zwei die arbeiten. Dafür erhielten sie einen Lohn von vier Dollar pro Tag.
Auf dem Kopf trug der Miner einen schweren Filzhut mit breitem Rand, mit Harz gesteift und gestärkt, bis er sehr hart war. Er trug ein kurzärmeliges Unterhemd und lange Unterhosen, ein schweres Kalikohemd, schwere beutelähnliche Hosen und harte kniehohe Stiefel, die gesättigt von Fett waren. In nassen Schächten trug er Gummihose, Gummijacke und Südwester. Als Licht dienten Kerzen, aber auch Karbidlampen, die zehn Stunden lang intensives weißes Licht spendeten. Die Arbeitsweisen der frühen Miner im Westen orientierten sich hauptsächlich an denen, die die Bergarbeiter aus Cornwall (England) eingeführt hatten. Diese wandernden »Cornishmen« waren begehrte Schichtführer. Gebohrt wurde mit Bohrmeißeln und per Hand. Ein Mann hielt den Bohrer, der andere schlug mit dem Hammer, während der erste nach jedem Schlag die Bohrstange etwas drehte. Am Ende einer Schicht wurden die Bohrlöcher mit Dynamit ›besetzt‹, der ›Stoß‹ wurde ›abgeschossen‹, und die nächste Schicht schaufelte das ›ausgefallene Erz‹ in Wagen.«
Aus: Western Mining, S. 190–193

Die Ursache für den Goldrausch in den Schwarzen Bergen Süd-Dakotas ist einmalig in der Geschichte – auch der USA –, denn dieser Goldrausch war eine eiskalte strategische Planung von Wall-Street-Hochfinanz, »Northern Pacific Rail Road Company«, »Yellowstone Steamship Company«, US-Land Office und US-Armee:

US-Salamipolitik

1868 hatte die US-Armee im Friedensvertrag zu Laramie den Siouxstämmen »auf ewige Zeiten alles Land innerhalb des großen Missouribogens« garantiert. Inmitten dieses Landgebietes lagen die Black Hills und der Yellowstone River. Man hatte bei diesem Friedensschluß damit gerechnet, die bisher

Diese Brücke der Northern Pacific wurde in nicht ganz drei Wochen erbaut: Länge 1300 m, Höhe 80 m.

geübte »Salamitaktik«, die man seit 1800 allen Indianerstämmen gegenüber angewendet hatte, fortsetzen zu können. Im wesentlichen bestand diese Politik darin, daß weiße Siedler in garantiertes Indianergebiet eindrangen, die Indianer sich gegen diese Inbesitznahme zur Wehr setzten, indem sie die Siedler überfielen, die Armee hierauf »zum Schutz des Lebens gottesfürchtiger Amerikaner« in Ballungsräumen und an Überlandwegen Forts errichtete, hierdurch die Indianer zum regelrechten Aufstand provozierte, diese dann in massierten »Strafexpeditionen« militärisch schlug und völkisch dezimierte und anschließend in Friedensverträgen die vorweggenommenen Landnahmen juristisch und völkerrechtlich sanktionierte. Diese Politik war ebenso simpel wie durchschlagend und hatte sich bis 1874 nicht geändert – sie würde sich auch nie ändern.

1869 war am 10. Mai in einer weltweit spektakulären »Hochzeit der Schienen« bei Promontory Point in Utah die erste amerikanische Transkontinental-Eisenbahnlinie, die den Atlantischen mit dem Pazifischen Ozean verband, fertiggestellt worden. Diese gewaltige Leistung war nur möglich gewesen, weil die US-Regierung der von Osten nach Westen bauenden »Union Pacific« und der von Westen nach Osten bauenden »Central Pacific« kostenlos Landgebiete bis zu 50 Meilen beiderseits des Schienenstrangs schenkte. Die Eisenbahngesellschaften verkauften schon während des Baus diese Landparzellen an Grundstücksspekulanten, die ihrerseits wiederum ihre Happen in kleine Häppchen für Heimstätter, Siedler und Geschäftsleute unterteilten und verkauften. Teure Konzessionen wurden an Hotels, Bordellkonzerne, Sägewerke, Geschäfts- und Salooninhaber verkauft und alle diese weitverzweig-

53
53

Links oben: Die Yellowstone Steamship Company kaufte den Dampfer Nr. 53, als der Yellowstone River noch den Sioux »für ewige Zeiten« gehörte.
Links unten: Sioux Oglalla Delegation in Washington 1880, sitzend v. l. n. r.: Red Dog, Little Wound, Red Cloud, American Horse, Red Shirt, stehend: John Bridgeman.

ten Geschäfte von den Großbanken der Wall Street mit hohem Gewinn (durchschnittlich 30 Prozent) finanziert. Auf diese Weise gab die US-Regierung für den Eisenbahnbau im Grunde keinen einzigen Cent aus, sondern kurbelte durch das Verschenken von Landgebieten, die sie mit Beginn des Bahnbaus und der Besiedlung erst noch den wirklichen Eigentümern, nämlich den Indianern, durch lokale Kriege abnehmen mußte, den Bahnbau an. Dies hatte bis 1874 vorzüglich funktioniert.

Verkauftes Siouxland

Nach dem Friedensschluß von Laramie vermaß eine Landvermesserexpedition den Schienenweg für eine zweite Transkontinental-Eisenbahnlinie, die vom Nordosten nach Oregon führen sollte. Die Meßurkunden zeigten, daß dieser Schienenstrang der »Northern Pacific« mitten durch das den Sioux »für ewige Zeiten« garantierte Landgebiet, aber auch durch das Gebiet der Crows, Flatheads und Nez Perce führte. Um 1870 waren die Schenkungen der US-Regierung an die Eisenbahn und die Lizenzen für die Dampfschiffahrt auf dem Yellowstone River (mitten im Herz des Sioux-Gebiets) perfekt. Die »Northern Pacific« teilte den großen Landkuchen auf, die Wall-Street-Banken finanzierten Millionensummen in Krediten, Hunderttausende von Siedlern kauften für ihre Ersparnisse Land, Geschäftsleute erwarben für die großen Städte entsprechende Lizenzen und Konzessionen. Die »Missouri Steamship Company« ließ acht große Liniendampfer bauen, gründete als Zweiggesellschaft die »Yellowstone Steamship Company«, und mit gewohnter technischer Vehemenz begann man die Zukunft zu planen und ins große Geschäft einzusteigen. Es war nun an der US-Armee, den nächsten »vaterländischen Krieg« gegen die gottlosen Wilden, die Siouxstämme zu führen, sie zu schlagen und ihnen in einem neuen Friedensvertrag diese – bereits verkauften und verplanten – Landgebiete nachträglich völkerrechtlich verbindlich abzunehmen.
Die »Northern Pacific« trieb den Eisenbahnbau nach Westen, die »Yellowstone-Steamship-Gesellschaft« erhielt einen Dampfer nach dem anderen und hatte Ver-

träge für den Bau von Häfen, Landestegen und Stapelhäusern geschlossen. Abertausend Siedler hatten Siouxland erworben.
Aber der große Krieg gegen die Sioux fand nicht statt. Siedler strömten über die Grenzen, doch Red Cloud, der große politische Oberhäuptling der Sioux, hatte inzwischen gelernt, daß man der US-Regierung mit der US-Presse und auf diplomatischem Wege vielleicht besser Paroli bieten konnte. Die Sioux unternahmen nichts gegen die wilden Siedler, sondern schickten eine Häuptlingsdelegation nach Washington, nach New York, Boston und Philadelphia, Baltimore und klagten den offenen Vertragsbruch nicht nur vor dem »Großen Weißen Vater«, sondern auch in öffentlichen Großversammlungen mit vollendeter Würde an.
Inzwischen hatte die »Northern Pacific« Bismarck am Missouri erreicht und konnte nicht weiterbauen. Die US-Presse im Osten setzte die Regierung unter Druck, feierte die stolzen Indianerführer, klagte General William Tecumseh Sherman, den Oberkommandierenden der US-Armee, an und forderte, US-Truppen sollten die wilden Siedler aus dem Siouxgebiet entfernen. Den Wall-Street-Banken drohte eine schwere Geldkrise, wenn der Bau der Eisenbahn nicht fortgesetzt wurde. Die Presse des Westens setzte die US-Armee unter massiven Druck und forderte zum heiligen Krieg gegen die »barbarischen Wilden, die fruchtbares Land, das Tausenden von fleißigen Amerikanern als Heimat dienen kann, nur dazu benutzen, um darin Büffel zu jagen und sinnlos umherzuwandern«. 1874 war die Situation wirtschaftlich so bedrohlich geworden, daß ein gewaltiger Bankkrach und der Ruin der »Northern Pacific« und »Yellowstone Steamship Company« und unzähliger kleiner Banken, Maklerfirmen und Privatunternehmer unvermeidbar schienen. Hunderttausende von Auswanderern und Siedlern drohten mit einem Berg von Schadensersatzprozessen – die ganze amerikanische Wirtschaft war in Gefahr.
In diesem Augenblick äußerster nationaler Not trafen sich Großbankiers, die Bosse der Eisenbahn und Dampfschiffahrt, Regierungsinspektoren und Interessenvertreter der Heimstätter-Aktiengesellschaften und der US-Armee bei Bismarck in einem luxuriösen Pullman-Salonwagen zu einer dreitägigen Konferenz, über die von der ersten Minute an der Mantel des Stillschweigens gebreitet wurde. Der »Schlachtenschläger« Brigade-General George Armstrong Custer, Geologen, Bergwerksbesitzer und Bodenausbeutungsrechtler waren mit von der Partie.

Lieutenant Colonel George Armstrong Custer erlebte die schwerste Niederlage durch die Prärieindianer am Little Big Horn.

Custers Black Hills Expedition

Am 2. Juli 1874 brach Custer mit einer der seltsamsten Armeen, die die Welt jemals gesehen hatte, in das Siouxgebiet ein: 1 Blaskapelle, 1 Batterie mit 4 Kanonen und 4 Gatling-Schnellfeuerkanonen, 2 Kompanien Infantrie, 1 Kompanie Indianer-Scouts, 10 Kompanien Kavallerie, 1 Sanitätskompanie mit 3 Stabsärzten, 1 Geologengruppe mit 4 Geologen, 1 Ingenieurgruppe mit 5

Custers »Expeditions«-Aufmarsch in die Black Hills 1874.

Ingenieuren, 1 Fotografengruppe, 1 Landvermessergruppe, 150 Planwagen, 60 dreijährige Herefordstiere, 200 000 Pfund Futter und Verpflegung, 60 000 Pfund Munition. Vier erfahrene Trapper und zwei erfahrene Prospektoren führten diese gemischte Armee aus 991 bis an die Zähne bewaffneten Soldaten und 117 Mitgliedern des »Wissenschaftlichen US-Corps« an. Offiziell gab die Armee bekannt, daß es sich um eine »Routine-Expedition und Erforschung unbekannten Gebiets« handele. Am 23. 7. schrieb der Korrespondent des »Inter-Ocian« in sein Tagebuch:

»Es ist nichts Bemerkenswertes passiert. Die Prospektoren haben kein Gold gefunden, die Geologen vergeblich nach Erzlagern gesucht, die Soldaten nicht gegen Indianer gekämpft.«

Am 3. August fanden die Prospektoren Ross und McKay am French Creek endlich Gold! Der Soldat William Zahn (Kompanie G des 17. Inf. Reg.) schrieb in sein Tagebuch: »Wir sind alle von den Prospektoren und Geologen seit Wochen so mit Goldwaschen beschäftigt worden, daß ich glaube, es gibt auf der Welt keine erfahreneren Goldsu-

chersoldaten, als Custers Kommando. Was sie am French Creek gefunden haben, ist 5 Cents die Waschpfanne wert. McKay sagte, das dafür kein einziger Goldsucher im Westen auch nur einen Finger rühre, aber die Offiziere machten ein Theater, als hätten sie den Nabel der Welt entdeckt.«
Am 4. 8. verfaßte Custer einen langen Bericht an den Oberkommandierenden. Am 9. 8. jagte der Scout und Meldereiter Charley Reynolds zurück. Vier Tage später erreichte er Sioux City, und der erste Mensch, den er informierte, war nicht etwa – streng geheim – der oberkommandierende General, sondern ... der Chefredakteur des »Sioux City Journal«. Am gleichen Tag explodierte die Nachricht von den »reichsten Gold- und Silberfunden der Welt!« regelrecht im amerikanischen Zeitungsblätterwald: Die »Bismarck Tribune« schrieb: »Hier in Custer's Valley sind die reichsten Gold- und Silberminen entdeckt worden, Placer- und Quarzminenfelder, und es steht fest, daß diese immens große Region der Black Hills das ›Eldorado‹ Amerikas sein wird.«
Die »Yankton Press and Dakotian« schrieb: »Reiche Gold- und Silberminen von Custer entdeckt! – Bereitet euch auf großartige Zeiten vor! – Hoch die Schaufeln und Hakken! – Bald hat kein Mensch mehr Schulden!«

Custers Gold

Der »Inter-Ocean« vom 27. 8. schrieb: »Gold! Das Land der Verheißung – 21 Offiziere, einschließlich General Custer, haben den ersten Claim abgesteckt und eine Munitionskiste mit der Inschrift ›District No. 1, Custer Park Mining Company‹ halb eingegraben.«
Sofort widersprach das US-Armeekommando und stellte dies als einen Scherz dar, aber ... genau diese Gesellschaft wurde von Charley Reynolds in Bismarck im US-Land Office für Custer und seine 20 Offiziere offiziell eingetragen!!! Und dies mitten im Herzen eines Landgebietes, daß die US-Regierung noch sechs Jahre zuvor den Indianern »auf ewige Zeiten garantiert« hatte!!!
Am 30. August 1874 traf die »Black Hills Expedition« wieder an ihrem Ausgangspunkt in Fort Abraham Lincoln bei Bismarck am Missouri River ein. Nach dem Auffinden von winzigen Goldspuren hatte sie sich keinen Tag länger in den Black Hills aufgehalten. Ihr Auftrag war erfüllt, der Goldboom brach los! Tausende und aber Tausende Goldsucher würden die Grenzen des Siouxgebietes überschreiten, und keine Macht der Welt würde diese Menschenwoge aufhalten können. Man würde die ganzen Black Hills um- und umwühlen, Städte erbauen, Schächte in die Erde graben, Erz-

mühlen errichten. Ein ununterbrochener Strom von Nachschub würde das Siouxgebiet durchziehen. Und alle diese Männer waren bewaffnet mit den neuen Colt-Revolvern des Modells »Single Action Army 1873«, die zum ersten Mal Patronen verschossen, und mit neuen Winchester Repetiergewehren des Modells 1873, mit denen man 16 Schuß in nur 8 Sekunden abgeben konnte. Die Sioux würden sich gegen diese Überflutung ihres Landes zur Wehr setzen. Weiße, *Amerikaner* würden getötet werden. Und dann *mußte* die US-Armee eingreifen, die brutalen Wilden zusammenschlagen, gottesfürchtige Ame-

Links: Custer auf dem Rückmarsch, nachdem Gold gefunden war.

Oben: Oglalla vor dem Angriff, 1876.

rikaner beschützen, Friedensvertrag hin – Friedensvertrag her!

»Die kleinen Flußstädte von Bismarck bis Omaha siedeten vor Aufregung und Hochgefühl. Custer hatte das Paradies entdeckt, der Wirtschaft neuen Aufschwung gegeben, in die Augen der Eisenbahn-Finanziers wieder Glanz gebracht, die Hoffnungen der Händler und Spekulanten, der unruhigen Siedler und Abenteurer wieder entflammt!«
Donald Jackson: Custers Gold, 1966, S. 104

Nun, da der Boom losbrach, wuschen US-Regierung und US-Armee ihre Hände in Unschuld. Sie wiesen ständig in den Zeitungsinterviews darauf hin, daß Amerikaner die Black Hills nicht betreten dürften, daß dies vertraglich zugesichertes Siouxgebiet sei. Man machte den Sioux den Vorschlag, die Black-Hills-Schürfrechte für 400 000 Dollar, oder die ganzen Black Hills für 6 Millionen Dollar zu kaufen. Die Sioux lehnten ab, und für die Weltöffentlichkeit hatte nun die US-Regierung »alles nur Erdenkliche getan und angeboten, um Frieden zu bewahren und zu verhindern, daß irgend jemand zu Schaden kommt«. Die Einzelheiten

dieser geradezu grotesken Heuchelei ergeben im Vergleich mit den nackten Tatsachen ein Bild ungeheuerlicher Manipulation. Das Ergebnis war einwandfrei klar: Menschenmassen überfluteten die Black Hills, gründeten die rumorenden Goldgräberstädte Custer und Deadwood und Hunderte anderer Ansiedlungen. Die »Northern Pacific« baute ihre Linie mit verstärkter Kraft ins Siouxgebiet hinein, die Siouxstämme erhoben sich und vernichteten im Juni 1876 General Custers »7. Cavalry Regiment« mit 269 Soldaten und Offizieren. Diese gewonnene Schlacht war gleichzeitig das Ende der Sioux: Die gesam-

Oben: Die Collins-Russell-Gruppe erbaute am French-Creek ein Palisadenfort, um sich der zu erwartenden Angriffe der Sioux erwehren zu können. Innerhalb des Palisadenzauns erbaute sie sieben Blockhäuser.

Links: Armee Scout Jack Crawford galt als Sioux-Hasser und Poet zugleich. Er verfaßte Gedichte über seinen Freund Wild Bill Hickok.

Rechts: Annie D. Tallent war die erste Frau, die mit der Collins-Russell-Gruppe in die Black Hills eindrang, von der Armee zwangsweise wieder entfernt wurde und dann später als Lehrerin in verschiedenen Städten tätig war.

te US-Armee marschierte mit vereinten Kräften aus allen vier Himmelsrichtungen auf das Siouxgebiet zu, begleitet vom Aufschrei der amerikanischen Nation nach Rache für die »Schlächter ihres Helden«. Dieses Mal war keine Salamitaktik mehr nötig. Der Feldzug endete mit der Vernichtung der Sioux als freie Indianernation. Wer sich retten konnte, floh nach Kanada, die noch überlebenden zusammengeschossenen und zusammengetriebenen Sioux wurden in Reservaten eingepfercht, ihre strategischen Führer von bezahlten eigenen Stammesgenossen gekillt, und das ganze Problem war gelöst. Die

»Yellowstone Dampfschiffahrtsgesellschaft« erlebte den größten wirtschaftlichen Aufschwung ihrer Existenz, die nationale Pleite war verhindert, niemand wurde betrogen (wer dachte in diesem Zusammenhang schon an Indianer?), und die US-Regierung und US-Armee hatten »nichts als ihre Pflicht getan« und sich strikt an allgemeingültige Rechtsnormen gehalten.
So einfach war das!

Der Homestake-Lode

Die ersten Amerikaner, die alle »Warnungen der Militärs in den Wind schlugen und in die Black Hills eindrangen« (so die offizielle Version), waren Charles Collins, ein Journalist, und T. H. Russell, ein Spekulant, beide aus Chicago. Sie informierten General Philip Sheridan von ihrem Plan, und während dieser öffentlich vor einem Eindringen in die Schwarzen Berge warnte, erschien bei den Chicagoern ein Captain John Gordon – in Zivil, natürlich – und erbot sich, die ersten Goldsucher zu führen. Mit von der Partie waren David und Annie D. Tallent mit ihrem neunjährigen Sohn Robert und 28 Goldsucherfamilien. Unangefochten erreichte die Gruppe den French Creek dort, wo Custers Gold gefunden worden war. Sie erbauten sechs Blockhütten und errichteten

»Calamity Jane« Martha Cannery, die bestbekannte maskuline Frau in den Black Hills und Deadwood.

Deadwood wurde in den Black Hills zur Drehscheibe des Abenteuers, 1876.

rundherum einen Palisadenzaun von 3,30 Meter Höhe mit Schießscharten. Im Januar 1875 kehrte Captain Gordon nach Sioux City zurück und hatte das Gold bei sich, das man aus dem Ufersand vor Einbruch des Winters gewaschen hatte. Wenige Tage später trug er wieder Uniform, und kleine Mengen des Goldes fanden sich auf den Schreibtischen der Redaktionen der größten Zeitungen des Landes, wo sie fotografiert wurden und, mit »Take-it-easy«-Stories drapiert, den Boom erneut anheizten. Nun brach der Sturm los. Die Gründung der größeren Städte zeigt, mit welcher Eile und Gründlichkeit dies geschah:

Custer (17. 6. 1875) – Hill City (9/75) – Rockerville (12/76) – Sheridan (18. 7. 75) – Pactola (19. 7. 75) – Silver City (8/75) – Rochford (8/76) – Galena (3/76) – Crook City (4/76) – Gayville (11/75) – Central City (20. 1. 77) – Terraville (8/77) – Deadwood (8/75) – Pluma (3/76) – Lead (10. 7. 76) – Hanna (1876) – Dumont (1878) – Sturgis (1876) – Pactola (1879) – Nahant (1880) – Mystic (1881) – Boubaix (1882).

Zur bedeutungsvollsten Stadt wurde Deadwood mit seiner berühmten »Homestake Mine«, die schließlich den Namen für die ganze Region »Homestake Lode« hergab. Fred und Moses Manuel, Alex Eng und Henry Harney fanden goldhaltiges Quarz am 9. 4. 1876 und verkauften ihren Claim wenige Monate später für 100 000 Dollar an George Hearst, der die »Homestake« zum Bergwerk ausbaute. Von 1878 bis 1962 hat diese Mine insgesamt 715 Millionen Dollar in purem Gold erbracht. Deadwood wurde für zwei bis drei Jahre zum regelrechten »Dauer-Rummelplatz« des Goldrauschs zwischen Montana und Kalifornien. Alle Methoden, die man in Kalifornien, Nevada, Montana und Colorado erfolgreich versucht hatte, kamen hier zum Tragen. Kostspielige Fehlentwicklungen der anderen Goldregionen konnten hier nahezu gänzlich vermieden werden. Aber die für Laien zugänglichen Oberflächen-Placer-Vorkommen waren sehr rasch erschöpft, so daß die Black Hills ab 1880 zur reinen Bergwerksregion wurden, in der Gold und Silber ausschließlich industriell gefördert und aufbereitet wurde.

Arizona (Die Tombstone Saga)

»Mulis (Maultiere) waren für einen unterirdischen Minenbetrieb so unentbehrlich wie die Miner selbst. Die Mulitreiber bevorzugten kleine drahtige spanische Mulis. Sie waren intelligenter, und weniger hysterisch in gefährlichen Situationen, an denen es unter Tage wahrlich nicht mangelte. Ein Maultier duckte sich oder senkte schnell den Kopf, wenn seine langen Ohren ein Hindernis berührten, während sich ein Pferd ganz einfach den Schädel einrannte. Ein Maultier schlug niemals nach hinten aus, wenn es Angst bekam, es scheute auch nicht vor plötzlichen Geräuschen, es war nicht sonderlich schreckhaft und warnte seinen Treiber stets, wenn etwas nicht in Ordnung war. Das ist wahrscheinlich der Grund, warum Miner zu vielen Mulis beinahe schon herzliche persönliche Verhältnisse hatten, ihnen Kosenamen gaben.
Mulis zogen unter Tage fünf Erzwagen zum Schacht, wo sie von einem Förderaufzug nach oben gebracht wurden. Hatte die Mine eine Erzmühle und Aufbereitungsanlage, so bedurfte es keines weiteren Transportes. War dies nicht der Fall – wie häufig –, so standen über Tage riesige Murphywagen mit Zehngespannen bereit, die das Erz zur nächsten Eisenbahnstation brachten.«
Aus: Western Mining, S. 163–164

Wüstengold

Mitte Januar 1877 traf in Arizona Eduard Schieffelin ein, ein Prospektor aus den kalifornischen Goldfeldern, der auch in Nevadas »Comstock Lode« Erfahrungen im Auffinden von Erz gesammelt hatte. Er wollte den Grand Canyon untersuchen, aber schon nach wenigen Blicken, die er auf die Steilwände und die gut sichtbaren Formationen warf, wendete er sich ab, wanderte nach Südosten durch den zentralen Gebirgsgürtel, fand aber keinen Hinweis auf Erze. Als Schieffelin in Fort Huachuca eintraf, um sich dort mit Proviant zu versorgen, warnten ihn die Soldaten vor den aufständischen Apachenbanden und prophezeiten ihm, daß er nicht mehr und nicht weniger als seinen Grabstein (engl.: Tombstone) finden würde.
Doch Schieffelin ließ sich von seiner Absicht, das San-Pedro-Tal zu durchsuchen, nicht abbringen. Nahezu auf »den ersten Streich« fand er reichhaltige Silbererzvorkommen. Seinen ersten Claim nannte er »Grave yard« (Friedhof), den zweiten »Tombstone« (Grabstein), den dritten Tough Nut (Harte Nuß), den vierten »Lucky Cuss« (Glücklicher Sünder), den fünften »Contention« (Streit).
Im April 1878 verkaufte Schieffelin seine Schürfrechte an Kapitalisten, die augenblicklich den Grundstein

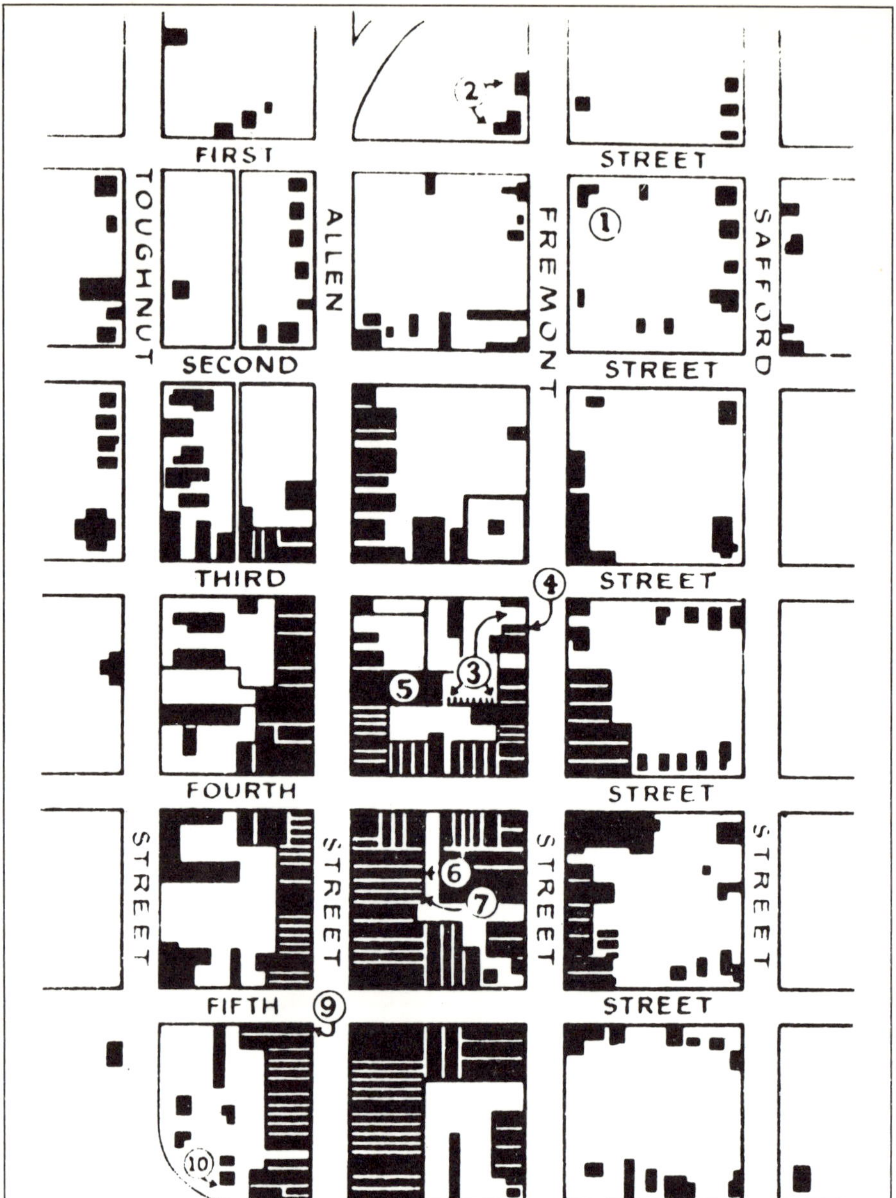
FIRST
STREET
TOUGHNUT
ALLEN
FREMONT
SAFFORD
SECOND
STREET
THIRD
STREET
FOURTH
STREET
STREET
STREET
STREET
STREET
FIFTH
STREET
SIXTH
STREET
1
2
3
4
5
6
7
8
9
10

Oben: Der Autor in Tombstone/Arizona an den Gräbern der Opfer des »OK-Corral« Fights.

Links: Tombstone 1881.

für neue Silberminen legten, aus denen sie zwischen 1880 und 1886 viele Millionen Dollar gewannen. Die Stadt Tombstone erreichte rasch 14 000 Einwohner; noch 1879 wohnten dort in 40 Häusern und einigen Hundert Zelten 1000 Männer. In der Hauptsache war Tombstone eine Stadt des Vergnügens, in der 8000 Bergarbeiter täglich ihren Lohn in das umwechselten, was sie »Lebensfreude« nannten. Mittelpunkt war das Spiel: Kartenspiele wie Poker, Stud-Poker, Seven-Up, Monte und Faro, aber auch Hasard, Würfeln, Roulette, Glücksrad und Bakkarat sorgten dafür, daß Berufsspieler, Spielhöllenbesitzer, Animierdamen und Anreißer immer reicher wurden und die Miner niemals »zu Atem kamen«. Theater, wie das berühmte Vogelkäfigtheater, sorgten mit Non-Stop-Programmen und ausgesuchten Girltruppen für Kurzweil, Revuepaläste hielten die Schwingtüren rund um die Uhr offen. Zwei sich befehdende Zeitungen, der

Oben: Die »Gips-Historie« von Tombstone: Der »Kampf im OK-Corral« findet mit Panoptikumsfiguren täglich ununterbrochen statt. Eintritt: 2 $.

Rechts: Der »Boothill« (Stiefelhügel)-Friedhof von Tombstone/Arizona, damals »Abraumhalde menschlicher Habgier und Gebeine«, ist heute die Touristenattraktion Nr. 1.

»Nugget« und der »Tombstone Epitaph«, verliehen der Berichterstattung clownhafte Züge. Die Kriminalität während der Boom-Jahre hielt sich im üblichen Rahmen: Betrügereien und Taschendiebstähle waren an der Tagesordnung, Einbruchdiebstahl und Raub selten, und Morde wurden innerhalb von zehn Jahren insgesamt 16 registriert. Die meisten Städte mit gleichen Einwohnerzahlen außerhalb des Goldgräberbooms in Arizona registrierten einen Durchschnitt von 0,7 pro Jahr. Wenn nicht im Oktober 1881 die Earpbrüder in einer Fehde mit den Clantonbrüdern den inzwischen berühmt-berüchtigten »Gunfight im OK-Corral« ausgelöst hätten, wenn nicht Wyatt Earps geflunkerte Biographie des »größten Sheriffs aller Zeiten« 1929 erschienen und zunächst für bare Münze genommen worden wäre, so hätte die Silberstadt Tombstone in Arizona sehr wahrscheinlich in der historischen Erinnerung kommender Generationen kaum mehr Aufmerk-

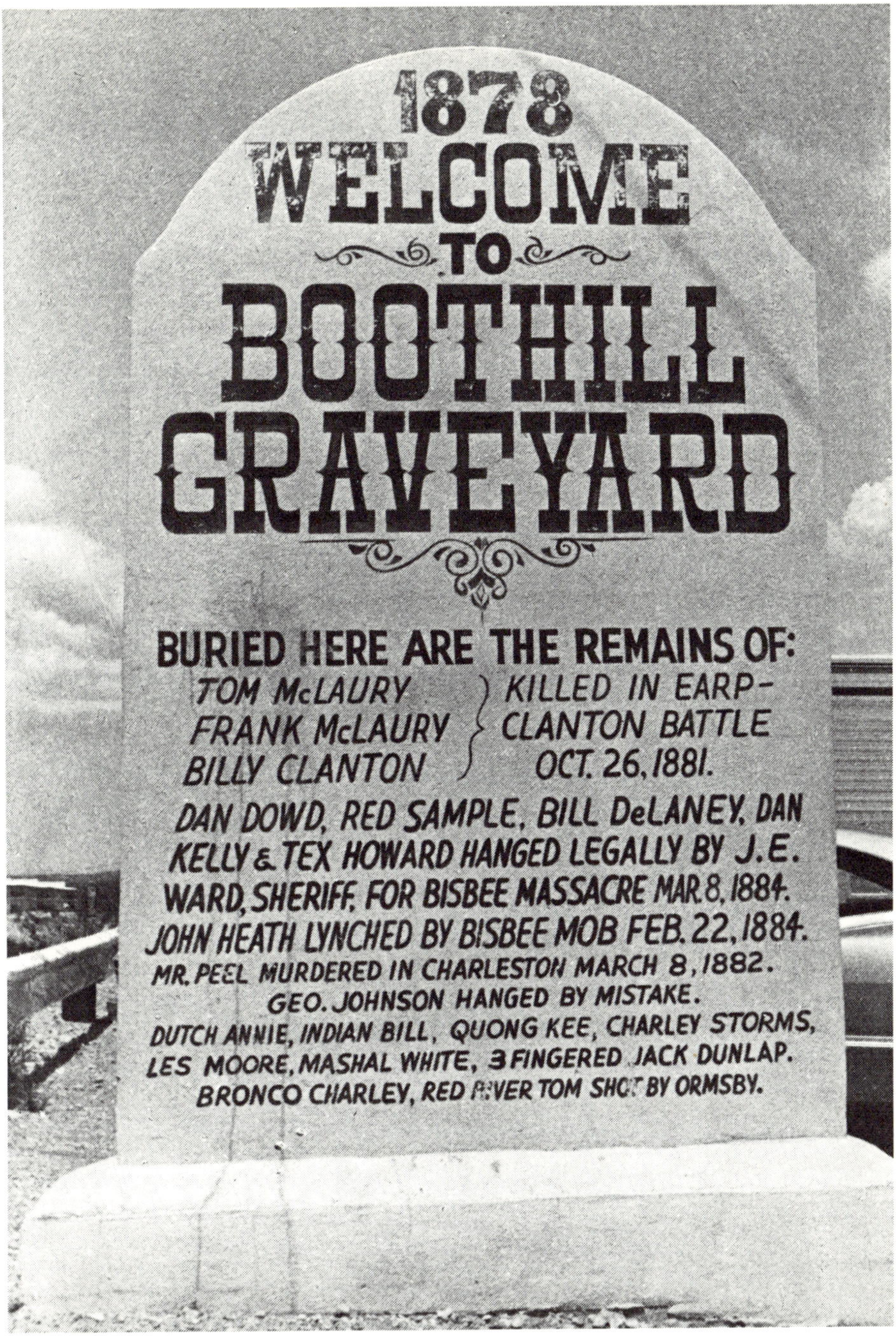
1878
WELCOME
TO
BOOTHILL
GRAVEYARD
BURIED HERE ARE THE REMAINS OF:
TOM McLAURY
FRANK McLAURY
BILLY CLANTON
KILLED IN EARP-
CLANTON BATTLE
OCT. 26, 1881.
DAN DOWD, RED SAMPLE, BILL DeLANEY, DAN
KELLY & TEX HOWARD HANGED LEGALLY BY J.E.
WARD, SHERIFF, FOR BISBEE MASSACRE MAR. 8, 1884.
JOHN HEATH LYNCHED BY BISBEE MOB FEB. 22, 1884.
MR. PEEL MURDERED IN CHARLESTON MARCH 8, 1882.
GEO. JOHNSON HANGED BY MISTAKE.
DUTCH ANNIE, INDIAN BILL, QUONG KEE, CHARLEY STORMS,
LES MOORE, MASHAL WHITE, 3 FINGERED JACK DUNLAP.
BRONCO CHARLEY, RED RIVER TOM SHOT BY ORMSBY.

Links: Der spanische Conquistador Coronado war der erste Weiße, der in den Wilden Westen eindrang.

Rechts: Spanischer Soldat in Arizona.

samkeit erregt als irgendeine andere Geisterstadt.
Das Ende der Erzboom-Ära kam nach zehn Jahren verhältnismäßig rasch: Schon um 1886 begannen alle Bergwerksschächte mehr »Wasser zu ziehen«, als Pumpen absaugen konnten, so daß der Abbau unterhalb einer Tiefe von 170 Metern nicht mehr möglich war. Nach der ersten turbulenten Periode trat rasch eine Beruhigung und Normalisierung ein, die Tramp-Miner sahen sich nach neuen rumorenden Orten um, zurück blieben nur die beständigen Bergarbeiter, die allmählich ihre Familien nachholten oder welche gründeten. Damit wurde dem »Laster« der Boden entzogen, Theater, Spielhöllen und Bordelle verödeten, statt dessen trafen sich die Männer im Feuerwehr- und Gesangsverein, die Damen hielten ihre Kaffeekränzchen ab, und die Apachen wurden von der US-Armee in den Bergen zusammengetrieben und nach Florida in die Mangrovensümpfe verbannt.
Was blieb war der berühmte »Boothill«-Friedhof mit authentischen und mit später von geschäftstüchtigen Touristikmanagern erfundenen »Sünder-Gräbern«.

Spanisches Gold

Erheblich interessanter und historisch abenteuerlicher ist Arizonas übrige Goldboom-Geschichte, die mit den frühen Goldminen der spanischen Eroberer und Missionare schon im 16. Jahrhundert beginnt. Schon die sogenannten »Cliff Dwellers« (Steilwandschluchtbewohner), die Pueblo-Indianer und die halbnomadischen Navahos, kannten seit Jahrtausenden die Fundorte des Goldes und Silbers, benötigten aber diese Edelmetalle nur zur Schmuckherstellung in sehr geringem Maße. Da es sich um

ein von vielen feindlichen Indianerstämmen bewohntes Gebiet handelte, errichteten die Spanier ihre Minen nur in äußerst hochwertigen Goldadern, die sie nur für kurze Zeit während des Sommers – etwa zwei bis drei Monate lang – von Indianersklaven aus Sonora ausbeuten ließen. Mit langen Packmuli-Karawanen brachten sie das hochwertige Erz, eigentlich pures Gold mit Gestein durchsetzt, nach Mexiko City, wo es geschmolzen wurde. Die Schachteingänge verbargen sie sorgfältig. Allmählich aber wurde der Druck der Indianer, besonders der Apachen, immer stärker, so daß schließlich die Spanier selbst die wenigen Missionen, die sie in übersichtlichem Gelände errichtet hatten, aufgeben mußten. Natürlich war damit auch der Goldabbau in den geheimgehaltenen Bergwerken zu Ende. Doch es existierten in den Archiven in Mexiko City immerhin genaue Karten. Als sich Mexiko von Spanien löste, gehörte Arizona aber zu den USA, und kein Mexikaner hatte auch nur das geringste Interesse daran, den verhaßten Amerikanern auch noch die Wege zu den Bodenschätzen zu weisen. Mit der Zeit verloren sich auch die langen Erztransportpfade der Spanier unter neuer Bewachsung, aus keimenden Samen am Wege waren Riesenbäume geworden, Erdveränderungen hatten stattgefunden, und als um 1830/40 heimlich mexikanische Expeditionen nach Arizona eindrangen, halfen selbst die sorgfältigen Originalkarten nichts mehr. Die Mexikaner fanden die Goldminen ihrer Vorväter nicht wieder.

Jedoch nachdem Arizona US-Territorium geworden war und Amerikaner von Kalifornien her, von Norden und von Osten her in die Wildnis eindrangen, geschah es immer öfter, daß aus purem Zufall Bärenjäger, Wolfsjäger, vor Indianern Flüchtende, Transportfahrer, die Schutz vor einem Unwetter suchten, versprengte Soldaten nach einem verlustreichen Kampf gegen Apachen oder auch umherstreifende Eisenbahnarbeiter ahnungslos in die Nähe solcher alter spanischer Goldminen – oder gar in sie selbst hinein – gerieten und Golderzbrokken mitnahmen, soviel sie vermochten. Es stellte sich dann heraus, daß es sich um reichhaltige Vorkommen handelte. Viele dieser Männer haben versucht, die von ihnen entdeckten Fundorte wiederzufinden. Vergeblich. Manche haben sogar gewußt, welche spanische Mine sie entdeckt hatten, und sie entsprechend markiert, sich Aufzeichnungen gemacht, Landmarken gemerkt. Aber auch sie haben jahre-, oft sogar jahrzehntelang vergeblich versucht, die einmal entdeckten Vorkommen wiederzufinden. Seit mehr als hundert Jahren haben ernsthafte Wissenschaftler die Erzählungen, Legenden und Moritaten mit den Erzfunden, die dokumentarisch nachweisbar abgeliefert und beurteilt wurden, verglichen, und sie sind zu der Erkenntnis gekommen, daß es in Arizona mehr als zweitausend unentdeckte spanische Goldminen geben muß, die hochgradige Goldvorkommen enthalten. Manche davon so ergiebig, daß man das pure Metall regelrecht mit dem Messer aus den Schachtwänden graben kann, gleich tonnenweise.

Ein Spanier gerät in den Hinterhalt von Apachen (Arizona).

So gab es in Arizona lange vor dem Beginn des Goldrauschs in Kalifornien schon jahrzehntelang mexikanische und amerikanische Prospektoren, die versuchten, die alten spanischen Goldminen zu entdekken, und dabei reichhaltige Erzvorkommen – die allerdings nur industriell ausgebeutet werden konnten – vollkommen außer acht ließen.
Diese Achtlosigkeit der Mexikaner führte dazu, daß es allein den Amerikanern vorbehalten blieb, während des den gesamten amerikanischen Westen erfassenden Goldrauschs zwischen 1850 und 1900 diese Erzvorkommen in beinahe ganz Arizona, besonders in den Wüstengebieten, zu entdecken und auszubeuten. Es ist nicht bekannt, wieviel Gold die Spanier über ihren berühmt berüchtigten »Königsweg« (Camino Real) von Arizona und Neu Mexico nach Mexico schafften. Aber es kann nicht wenig gewesen sein. Als die Amerikaner diese Territorien nördlich von Sonora in Besitz nahmen (1848), waren sie zunächst nur »Landkartenflächen ohne definierbare ökonomische Bedeutung. Dann wurden sie praktisch Durchzugsgebiet für Kalifornien- und Nevada-Goldrauschwanderer. Natürlich waren unterwegs manche zur Aufgabe gezwungen, viele von diesen konnten auch nicht wieder zurückwandern, suchten sich also Plätze, an denen sie ihr Leben fristen konnten.

Gila-Gold

Das erste Placer Mining fand in Arizona 1858 am Gila River statt: Dort, wo der Colorado River in den Gila Fluß mündet, fanden Prospektoren, die entmutigt aus den Goldfeldern Kaliforniens zurückkehrten, goldhaltigen Ufersand vor. Bis etwa 1854 erreichten etwa 1200 Goldwäscher eine bescheidene Ausbeute, die sie zu »gutsituierten« Bürgern im Osten machten. Dann waren die Vorkommen erschöpft. Aber zwei Jahre zuvor hatte der Cherokee-Trapper Powell Weaver, der den Colorado River aufwärts bis etwa La Paz gewandert war, dort reichhaltige Placer-Vorkommen gefunden, und die meisten Goldsucher des Gila Rivers brauchten nur ein paar hundert Meilen nach Nordwesten zu wandern, um hier gleichartige Verhältnisse vonzufinden. La Paz war ein sogenanntes »Trockenfeld« (engl.: Dry diggins). Der akute Wassermangel und die überaus hohen Temperaturen (am Tage 40 bis 48° C, nachts 26 bis 35° C), dazu die extrem geringe Luftfeuchtigkeit verlangten den Goldsuchern die letzte Kraft und Härte ab.
Trinkwasser mußte in Ziegenbälgen von Quellen geholt werden, die 100 bis 200 Meilen entfernt waren, so daß es 2 Dollar die Gallone (3,6 Liter) kostete. Arbeitswasser in den Dry Diggins wurde vom Colorado River über eine Strecke von 60 bis

70 Meilen in Rohhautbälgen geholt. Diese Mühen führten dazu, daß kaum jemand Zeit oder Kraft hatte, auch noch eine solide Behausung zu erbauen, zudem die nächsten Wälder viele hundert Meilen entfernt waren. So entstanden aus Kisten und Kistenbrettern die abenteuerlichsten Konstruktionen, auch Fässer, Planen, Decken, Tücher wurden als Baustoff verwendet. Zahlungsmittel war, wie in allen Placer-Goldfeldern, Gold in Form von Staub, Körnern oder Nuggets. Bis etwa 1870 wurden auf diese primitive Weise etwa 8 Millionen Dollar Placer-Gold aus dem Sandboden geholt, anschließend erlebten weiter nördlich am Colorado River Ehrenberg und Hardyville kurze Blüteepisoden, die sich auf mageres Placer-Gold stützten. Der Ort Quartzsite verdankt seine Existenz einer der kuriosesten Geschichten, die im Westen jemals passiert sind:

Onkel Sanis Kamele

1855 gelang es dem US-Lieutenant Edward F. Beals den US-Kongreß davon zu überzeugen, daß die US-Armee einmal einen Versuch mit Kamelen als Last- und Reittiere machen sollte. Beals ging davon aus, daß in allen Wüstengebieten Afrikas und Asiens das Kamel seit Jahrtausenden nichts als Vorteile gebracht habe und deshalb auch für die amerikanischen Wüstengebiete nur von Vorteil sein konnte. Er rechnete aus, daß ein Kamel eine Last von 600 Pfund tragen könne und 30 Meilen pro Tag zurücklege, ohne Wasser zu benötigen. Der Kongreß bewilligte 30 000 Dollar für die Anschaffung von 75 Kamelen, die in Ägypten und Smyrna, samt einheimischen Treibern, eingekauft wurden. 1856 fand der erste lange Probemarsch statt: Lieutenant Beale marschierte mit seiner Karawane quer durch die Wüstengebiete des Südens von Texas, New Mexico und durchquerte die Wüsten Arizonas, um so einen strategischen Weg nach Kalifornien zu erschließen. Unterwegs stellte sich zwar heraus, daß es keine idealeren Wüsten-Last- und -Reittiere gab als Kamele, aber auch, daß die Soldaten Aussehen und Geruch der Tiere nicht mochten. Der Kavallerist Ben S. Schneider schrieb:

»Sie sehen aus wie aufgeblasene Gnome. Ihr Gesichtsausdruck ist unsagbar blöd und stupide – und dann dieses ständige furchtbare Gegrunze und Gerülpse, ihr watscheliger Gang. Und dann dieser entsetzliche Gestank, den sie meilenweit verbreiten, die klebrigen Haare und nackt ausgefransten Hautstellen. Und die gelben Zähne, die wie kleine Lehmziegel aussehen. Wenn man auf so einem Vieh sitzt, hängt einem schon nach einer Meile das Gehirn zu den Ohren heraus. Dieses Hingeknie, Aufsitzen und Nach-vorn-und-zurück-Geschleudertwerden. Nein, Sir, bevor wir Kalifornien erreichen, haben wir diese verdammten Biester entweder vergiftet, oder ihnen Schaufenster in die Bäuche geschossen. Der Satan soll diesen bekloppten Lieutenant Beale holen.«

Soldat Schneider hatte seinem Bruder in Illinois geschrieben, was alle Amerikaner empfanden. Überall, wo die Kamele erschienen, wurden Pferde, Esel, Maultiere, Rinder und Hunde wild. Selbst Apachen, die sonst den Teufel persönlich angegriffen hätten, machten sich beim Anblick der grunzenden Karawane fluchtartig davon. Das Experiment wurde in Arizona aufgegeben. Einige der Kamele entliefen in die Wüste und spielten noch viele Jahre die Rolle von Geistern, die Prospektoren erschienen, manche wurden von Soldaten und Cowboys einfach niedergeschossen, andere wanderten in die Goldfelder, um dort Erz zu transportieren. Einer der arabischen Führer, Hadji Ali, der sich entschlossen hatte in der amerikanischen Wüste zu bleiben, wendete sich nach Ehrenberg, wo man ihn Hi Jolly nannte. Eines Tages stürzte ein Prospektor mit allen Zeichen höchsten Entsetzens in das Speiserestaurant, in dem Hi Jolly als Koch arbeitete, und berichtete von einer überirdischen Erscheinung, die ihm zwanzig Meilen östlich von Ehrenberg begegnet sei. Hi Jolly setzte sich auf das nächste Pferd und jagte davon. Tatsächlich fand er eins seiner Lieblingskamele, das in einer Felsspalte an Prickly Pear genüßlich Kakteen knabberte. Es hatte zwei große Rohhaut-Erzbälge auf seinem Rükkengestell und schien ganz offensichtlich als Lasttier eingesetzt und schwer mißhandelt worden zu sein. Um den Leuten in Ehrenberg zu beweisen, daß ein Kamel dreimal soviel Lasten tragen konnte wie ein Pferd, lud er herumliegendes Geröll, das den Boden der Felsspalte bedeckte, in die Rohhautbälge, bis sie prall gefüllt waren. Sodann kehrte er mit seinem Kamel »Rosalie« nach Ehrenberg zurück, wo er und das Tier sofort Hauptattraktion waren. Bis der Geologe Samuel Bent, der einen der Brocken in die Hand genommen hatte, große Augen machte, in sein Büro lief und nach zehn Minuten schreiend zurückgerannt kam. Hi Jolly hatte ein Goldquarzfeld entdeckt! Da der Araber an Reichtum nicht interessiert war, er auch die amerikanischen Sitten noch nicht so gut kannte, verriet er bereitwilligst den Fundort, was einen augenblicklichen Run, ein regelrechtes Wettrennen zur Folge hatte. Etwa 14 Millionen Dollar erbrachten diese Vorkommen in sechs Jahren. Als Hi Jolly starb, wurde über seinem Grab eine Pyramide aus Quarz errichtet und darauf das Monument eines Kamels. Die wenigsten Touristen, die dieses Denkmal heute sehen, können sich einen Reim darauf machen. Und da Quartzsite abseits der großen »Geisterstadt-Tourismus«-Wege liegt, hat sich auch niemand die Mühe gemacht, es zu erklären.

Die Hassayampa-Mine

Heinrich Heintzel hatte auf dem Land seines Vaters ein kleines Kohlenvorkommen entdeckt und Kohle verkauft, ohne die österreichische Regierung um Erlaubnis zu bitten. Er wurde angeklagt, floh nach Amerika und nannte sich dort Henry Wickenburg. 1864 fand Wikkenburg am Hassayampa River, zweihundert Meilen nordöstlich von La Paz, reichhaltige Gold-Erzvorkommen. Er verkaufte seinen Claim an eine New Yorker Gesellschaft für 85 000 Dollar und 15 Dollar pro Tonne gefördertes Erz, wurde aber von der Gesellschaft sowohl um den Kaufpreis wie auch um seine Beteiligung in einem langen Prozeß betrogen und mußte in der Nähe der »Hassayampa Mine« in einer schäbigen Hütte zusehen, wie die New Yorker bis 1880 für 17 Millionen Dollar Goldbarren herstellten. Am 4. Juli 1905 fand man ihn in einem Mesquitedickicht mit einem Schußloch in der Stirn, den Revolver hielt er in der Hand. In seinem Tagebuch war als letzter Satz vermerkt:

»Dieses Amerika ist die gigantischste Heuchelei der Weltgeschichte. Amerikaner sind streng religiös, selbstgerecht und gleichzeitig die hemmungslos habgierigsten Schufte, die man sich vorstellen kann. Da ist mir ein feudalistischer arroganter, autoritärer Staat lieber. Hier weiß man wenigstens woran man mit ihm ist.«

Die Silver-King Mine

1872 erhielt General Stoneman den Auftrag, mit seinem Pionierbataillon eine Straße durch die Pinal Range zu sprengen. Von Camp Supply aus sprengten sich seine Bohrkolonnen quer über die Berge, und als die Straße fertig war, gab man ihr den Namen »Stoneman Road«. Während dieser Arbeiten lief für zwei der Soldaten die Militärzeit ab. Sie wurden »demobilisiert«, kauften mit ihrem Sold und der Endentschädigung Prospektorenausrüstungen, und Sam Sullivan sammelte an einer Sprengstelle schwarzgefärbte, außergewöhnlich schwere Brocken auf. Als er versuchte, sie mit dem Hammer zu zerschlagen, stellte er zu seiner Verwunderung fest, daß sie nicht zerbröckelten, sondern sich – wie Blei – plattschlagen ließen. Er brachte die Fundbrocken nach Florence zum Geologen Charles G. Mason. Dieser stellte fest, daß sie aus beinahe reinem Silberchlorid bestanden. Als er es Sullivan mitteilen wollte, fand er diesen betrunken in einem Saloon. Aus Gesprächen entnahm Mason, daß der Fundort des reichhaltigen Silbererzes direkt an der »Stoneman Road« liegen mußte. Er sagte Sullivan, daß das Erz wertlos sei, worauf Sullivan enttäuscht Arizona verließ, während der Geologen-Gutachter sich mit seinem Bruder Aaron und seinen Freunden Benjamin W. Regan, William H. Long und Isaac Copeland aufmachte, Sullivans Silberschatz zu suchen. Sie fanden den Fundort, trugen den Claim auf ihre Namen ein. Sie beteiligten eine große Aufbereitungsgesellschaft und gründeten die Silver King Mine. Im ersten Jahr erbrachte diese Mine einen Reingewinn von 18 Millionen Dollar. Als Apachen das Gebiet heimsuchten, forderte Mason den Schutz der Armee an. Einer der Soldaten, die zum Schutz der Mine wenig später eintrafen, war ... Master-Sergeant Sam Sullivan. Wenige Tage später wurde der Geologe Charles G. Mason gefunden: Man hatte ihn mit den Füßen nach oben an einem Riesen-Sahuarokaktus aufgehängt, die Hände gebunden, und um seinen Hals lag eine Seilschlinge, die von einem 30 Pfund schweren Silbererzbrocken zugezogen wurde. Der Master-Sergeant Sam Sullivan führte das Kommando, das den Geologen vom Kaktus abschnitt und Masons Grab ausschaufelte.

Die Lost Dutchman-Mine

Die gewaltigste »Verlorene-Schatz«-Geschichte, die der Goldrausch je hervorgebracht hat und die Menschen schon intensiv seit mehr als 250 Jahren ununterbrochen bis auf den heutigen Tag beschäftigt, ist die der sogenannten »Lost Dutchman Mine« in den »Verfluchten Superstitions« (superstition = Aberglauben) Mountains. So unglaublich diese Story auch klingen mag, so haarsträubend ihre historisch verbürgten Details sind, ernsthafte Historiker, die alle erreichbaren Fakten auf das sorgfältigste untersucht haben, lassen heute keinerlei Zweifel mehr daran zu, daß es diese sagenhaft reiche Goldmine und vierzig Maultierladungen puren Goldes tatsächlich gibt!

Es begann mit dem Bericht eines spanischen Conquistadoren, der 1695 aus der neuspanischen Provinz »Arizonac« berichtete, er habe zuverlässige Informationen darüber erhalten, daß in der »Sierra de la Espuma« (von den Amerikanern später »Superstitions Mountains« genannt) gewaltige Reingoldvorkommen zu finden seien. Der spanische Edelmann vergaß nicht zu erwähnen, daß diese »Sierra de la Espuma« von den überaus »kriegerischen und barbarischen Apachenhorden anscheinend als eine Art heiliges Gebiet betrachtet

würde, denn – wie nirgendwo sonst – würden sie keinen fremden Eindringling in diesem Gebiet dulden«.
1732 machten sich Franziskanermönche mit vierzig Soldaten und ihren Familien, sechzig Kolonisten und ihren Familien, dreißig Bergmännern und vierzig Arbeitern und einigen hundert Maultieren unter der Leitung des Granden Don Miguel Nemecio Silva de Peralta de la Cordoba und des Padre Francisco Garcés von Vera Cruz auf, die sagenhaften Naturschätze zu heben. Die Expedition erlitt in der Sierra de la Espuma, einer bizarren menschenfeindlichen »Mondlandschaft«, durch Hunger, Durst, Hitze, Erschöpfung und Unfälle entsetzliche Verluste, aber ... sie fand das sagenhafte Gold tatsächlich! Ein Kurier des spanischen Granden, der unverzüglich nach Mexiko in Marsch gesetzt wurde mit einer entsprechenden Botschaft, die »angesichts der Unmassen von angreifenden Apachen« dringendst um einige Regimenter Soldaten bat, versetzte den spanischen Vizekönig in Aufregung. Aber er war es gewöhnt, daß seine Herren Kavaliere sehr häufig um große militärische Unterstützung baten und es sich nachher herausstellte, daß ein paar Soldaten durchaus genügt hätten. So schickte er nur 50 gerüstete Reiter, die nach sechs Monaten, um mehr als die Hälfte dezimiert, unverrichteterdinge zurückkehrten. Sie hatten nicht einen einzigen Spanier gefunden, keinen Krümel Gold und sich nur mit Mühe den Angriffen der Apachen entziehen können. Nachdem Mexiko 1824 seine Unabhängigkeit vom spanischen Mutterland ertrotzt hatte, geriet dem reichen Haziendero Don Miguel Peralta, der in der mexikanischen Provinz Sonora eine fürstentumähnliche Vieh-Ranch besaß, eine Schenkungsurkunde des spanischen Königs an die Erben seines Vorfahren Don Miguel Nemecio in die Hände, die besagte, daß den Peraltas die gesamte Sierra de la Espuma als Entschädigung für den Tod des edlen Herrn gehöre. Die Untersuchungsberichte über das Gold, daß der Vorfahr dem Kurier seinerzeit mitgegeben hatte, die Rapporte über zahlreiche Skelettfunde und spanische Waffen und Geräte überzeugten Don Miguel, daß seiner jenseits von Sonora sagenhafter Reichtum harrte, den man nur zu holen brauchte. Er schickte eine kleine Gruppe erfahrener Prospektoren los und erhielt Monate später so überschwengliche Berichte, daß er eine Expedition von vierhundert seiner besten Peones mit einem »zwanzig Meilen langen Zug schwerer hölzerner Carretas« ausrüstete, die nach langem Marsch schließlich in die Sierra de la Espuma eindrang. Anscheinend müssen die vorausge-

schickten Prospektoren die sagenhafte Goldmine des Granden nahezu mühelos und unbelästigt von Apachen gefunden haben, denn die Berichte der zwei Jahre später nach Mexiko zurückkehrenden Überlebenden sprachen von »einem beinahe senkrecht im Felsen eines Berges in halber Höhe des Berges und nach bereits drei Manneslängen durch einen Schacht erreichbaren stehenden Säulenkamin aus purem Gold, der sich nach oben und unten gleichermaßen fortsetzt und im Durchmesser etwa zwei Manneslängen mißt«. Das war das Gewaltigste, was man jemals vernommen hatte. Nach diesen Berichten hatten Don Miguel und sein Sohn Jesus Enrico sofort rund um den Mineneingang einen festungsartigen Wall aus Steinbrocken mit Schießscharten errichten lassen. Nach zwei Jahren, in denen Jagdexpeditionen sehr weite Ritte unternehmen mußten, um Tiere zu erlegen, waren zweihundert Carretas so schwer mit purem Gold beladen, hatte man eine meilenlange Straße durch die unwegsamen Geröllhalden angelegt, daß man an die Heimfahrt dachte. Der Mineneingang wurde sorgfältig verschlossen und unter Felsbrocken verborgen, die Wallmauern wurden abgetragen, die Wagenkarawane setzte sich in Bewegung, und hinter ihr deckten zweihundert Peones die Straße wieder mit Geröll zu. Beim Abstieg wurde die Expedition von einer überwältigenden Übermacht von Apachen angegriffen und in einem drei Wochen währenden Kampf bis auf drei Männer niedergemacht, die sich retten konnten. Diese drei Männer berichteten, daß sie noch gesehen hätten, wie Tausende von Frauen das Gold aus den Karren entladen und zur Mine zurückgebracht hätten.

Apachen-Gold

1864 wurde der berühmte Scout Kit Carson als Indianeragent für das US-Territorium New Mexico mit der »Betreuung« der Indianer dieses und des Territoriums Arizona betraut. Die US-Armee hatte während des Bürgerkrieges ihre regulären Truppen abgezogen, und Colonel Kit Carson stellte eine Freiwilligenarmee, die sogenannte »California Column« auf. Als er einen Feldarzt benötigte, bot sich Dr. Abraham D. Thorne an und wurde rasch durch seine überdurchschnittlichen Fähigkeiten bekannt, sich unter den Indianern, besonders den Apachen, Respekt und Achtung zu verschaffen. Bald schienen ihn die Tonto Apachen am Verde River regelrecht als einen der ihren zu betrachten. Als er 1866 erklärte, daß er Arizona verlassen würde, führten ihn die Apachen in die Berge, verbanden ihm – nachdem er noch einen ra-

Dr. Abraham D. Thorne, Freund der Apachen, der 1866 von Apachen in die Goldschatzhöhle geführt und mit zwei Rohhautsäcken voll Gold im Wert von 80.000 $ beschenkt wurde.

schen Blick um sich geworfen und die »Weaver's Needle« erkannt hatte – die Augen, setzten ihn auf ein Maultier und zeigten ihm nach einer halben Stunde eine Höhle, in der Gold in puren Brocken, an denen man die Spuren eiserner Instrumente sehen konnte, sich vom Boden bis an die Decke türmte. Sie baten ihn, zwei »aparejos« (Rohhautsäcke) mit diesem Gold zu füllen, verbanden ihm wieder die Augen und führten ihn zum Ausgangsort zurück.

In San Jose, Kalifornien, erhielt der Doktor für sein Apachengeschenk 80 000 Dollar. Zehn Jahre lang schwieg er über das »Apachengold«, bis ihn nach dem Tode ihres Vaters sein ältester Bruder überredete, den Versuch zu unternehmen, das sagenhafte Gold zu finden. Die Rio Verde Tonto Apachen waren inzwischen in die San Carlos Reservation verlegt worden, weit entfernt von den – jetzt Superstitions Mountains genannten – Bergen. Zweimal rüsteten die Thorne-Brüder Expeditionen aus, die im Umkreis von fünf Meilen rund um die Weaver's Needle suchten . . . ohne Erfolg!

Inzwischen war dieser sagenhafte Goldschatz als die »Lost Dutchman Mine« in aller Munde geraten: Die beiden Deutschen Jacob Weiser aus Freudenstadt und Jacob Waltz aus Weil, die 1850 nach Amerika gekommen waren, hatten 1860 den Goldfeldern Kaliforniens enttäuscht den Rücken gekehrt und in Arizpe/Sonora einen jungen Mann vor betrunkenen Lynchern gerettet. Der dankbare junge Mann zeigte den beiden Deutschen eine sorgfältigst auf Hirschhaut gefertigte Karte des Schatzes in den Superstitions und erklärte, daß er der jüngste Sohn des unglücklichen Don Enrico Miguel Peralta sei, der mit beinahe allen seinen Männern sein Leben verloren habe, und daß er sie zu gleichen Teilen an der Hebung seines Schatzes beteiligen würde.

Im Mai 1861 erreichten die Deutschen und der Mexikaner die Superstitions und ... fanden die Mine nach der Karte Don Miguel Peraltas auf Anhieb! Aber sie hatten kaum ihre mitgebrachten Rohhautsäcke beladen, da fielen die Apachen über sie her. Mit ihren Revolvern und weitreichenden Sharpsbüchsen gelang es ihnen, sich freizukämpfen und in der Nacht durch den Belagerungsring der Apachen zu entfliehen. Weiser, Waltz und Peralta verkauften in Sonora das Gold, und jeder erhielt einen Anteil von 60 000 Dollar. Der junge Peralta hatte genug von den Superstitions Mountains, die auch beinahe ihn das Leben gekostet hatten. Er übergab den Deutschen die Karte und versicherte ihnen, daß er ihnen alles Gold der Welt gönne.

Zehn Jahre warteten die beiden Deutschen irgendwo in New Mexiko darauf, daß die US-Armee die Apachen so »aufs Haupt schlagen« würde, daß sie keine Gefahr mehr wären, aber als man 1871 noch weit davon entfernt war und sich die Überfälle und der Krieg der Apachen gegen die Amerikaner auf einem Höhepunkt befand, tauchten sie plötzlich wieder in Arizona auf. Sie hatten sich vorgenommen, nur kurze Besuche bei ihrer Mine zu machen, jeweils zwei Packladungen Gold zu nehmen und dann wieder rasch zu verschwinden. Eines Tages im Herbst des Jahres 1871 hatte ein Maultier den Hauptteil ihrer Vorräte zerstört, so daß sich Jacob Waltz aufmachte, um in Adams Mill am Gila River neue Vorräte einzukaufen. Als er nach fünf Tagen zum Camp zurückkehrte, hatten Apachen es überfallen, alle Pferde und Maultiere getötet. Elf getötete Apachen lagen zwischen den Felsen, und er fand ein blutüberströmtes Hemd von Jacob Weiser, doch von dem Gefährten keine Spur. Für Waltz stand fest, daß die Apachen Weiser verletzt, gefangengenommen und ihn jetzt irgendwo auf gräßliche Weise zu Tode folterten.

Waltz wurde 1872 und 1873 in Tucson gesehen. Oft verschwand er für einen knappen Monat; wenn er zurückkehrte, wechselte er schwere Packladungen puren Bruchgoldes in Geld um oder schickte Ladungen nach Kalifornien. 1874 ließ er sich in Phoenix nieder und lebte mit einer Witwe, Helena Thomas, und ihrem Sohn Reinhardt Petrasch, der nur deutsch sprach, zusammen. Bevor er 1890 starb, vermachte er Helena Thomas und ihrem Sohn eine Kiste voller Gold und detaillierte Zeichnungen für die Auffindung der Mine

Oben: Chiricalma-Apache-Krieger, die der US-Armee als Scouts (Späher) gegen Apachen dienten.
Unten: Chiricalma-Apache-Krieger. 2. v. l. auf dem Pferd: Geronimo.

Apache Keap (Schlucht), in der sich Chiricalma Apachen, als sie von Pimas und Maricopas vernichtend geschlagen waren, zu Tode stürzten.

in den Superstitions. Er starb, ohne zu wissen, daß sein Partner Weiser nicht von den Apachen getötet, sondern ihnen entkommen war:
Eines Tages im Jahre 1871 brachten Pima-Indianer einen schwerverwundeten Mann aus den Superstitions Mountains an den Gila River zu Dr. John D. Walker, der seit 1865 bei ihnen lebte. Dr. Walker hatte die Pimas und Maricopas, die seit Jahrhunderten von den Chiricahua-Apachen ständig überfallen und

geschlagen wurden, regelrecht militärisch ausgebildet, ausgerüstet und den Apachen in ihrer eigenen Domäne der Superstitions die vernichtendste Schlacht ihrer Geschichte geliefert. Als der totale Sieg der Pimas und Maricopas feststand und die überlebenden Apachen an den Rand eines Abgrunds gedrängt waren, stürzten sich diese, statt sich zu ergeben, in den Abgrund. Seitdem wurden Schlacht und Ort »Apache Leap« genannt. Fortan hielten sich die Chiricahuas von den Pimas und Maricopas, die entlang des Gila Rivers siedelten, fern.

Der bewußtlose Schwerverletzte war von einem Pfeil in den Rücken getroffen worden. Er hatte ihn, wobei er sehr schwere innere Verletzungen erlitt, mit den Händen gewaltsam herausgezogen, war bis an den Rand der Berge gekommen, dann bewußtlos geworden. Dr. Walker versorgte die Wunden und pflegte den Mann, der, als er das Bewußtsein wiedererlangte, seinen Namen mit Jacob Weiser angab. Weiser wußte, daß er ein sterbender Mann war. Er vermachte Dr. Walker eine mexikanische Kartenskizze und einen kleinen Beutel mit Goldstücken. Als er gestorben war, wurde er auf dem Pima-Friedhof beigesetzt, und bis 1881 erwähnte Dr. Walker kein Wort von der Minen-Karte. In diesem Jahr erzählte er seinem Freund Tom Weedin, Herausgeber des »Florence Blade«, von Weiser und zeigte ihm die Peraltakarte. Aber weder Dr. Walker noch Weedin unternahmen irgendeinen Versuch, den Schatz zu finden. Dr. Walker kehrte in seine Heimat Napa County/California zurück, wo er 1893 starb; Tom Weedin erzählte, was Dr. Walker ihm 1881 gezeigt und gesagt hatte, erst 1911.

Nach dem Tode von Jacob Waltz benachrichtigte Helena Thomas Reinhardts Vater und Onkel, die in Kalifornien als erfahrene Prospektoren tätig waren, zeigte ihnen die Skizzen, die ihr Waltz hinterlassen hatte, und die beiden Deutschen Heinrich und Wilhelm Tetrasch versuchten dreimal die »Lost Dutchman Mine«, wie sie jetzt genannt wurde, zu finden. Ohne Erfolg. Es gab zwar keine Apachen mehr, die sie an der Suche gehindert hätten, aber die heißen, unwegsamen und wasserlosen Superstitions Mountains mit ihren zahllosen Canyons und Steilwandschluchten, Klüften und Spalten, hatten nichts von ihrer Lebensgefährlichkeit eingebüßt. Immer wieder machten sich aus allen Himmelsrichtungen Abenteurer auf, um nach der Mine zu suchen. Viele von ihnen wurden nie wieder gesehen, die anderen aber kehrten unverrichteterdinge wieder zurück.

Im Juni 1931 traf Dr. Erwin C. Ruth, ein deutschstämmiger US-Inspekteur für Einfuhr-Rinder aus Texas,

Hier wurde 1931 das Skelett von Erwin C. Ruth gefunden.

auf der »Quarter-Circle-U« Ranch von W. A. Barkley ein, die am westlichen Rand der Berge lag. Dr. Ruth besaß eine Silberplatte im Hüftgelenk und konnte sich nur mit Hilfe eines Krückstocks bewegen. Er zeigte Barkley und seinen Cowboys eine spanische Karte und erklärte, daß er die »Verlorene Dutchman Mine« suchen und finden werde. Obwohl der Rancher ihm dringend von seinem Vorhaben abriet, warb Ruth zwei Prospektoren als Führer an, die ihn bis zum West Boulder Canyon bei der Weaver's Needle brachten und dann zurückgeschickt wurden. Nach zehn Tagen, als man immer noch keine Nachricht von Ruth hatte, machte sich der Rancher Barkley mit einem Cowboy auf, Ruth zu suchen. Er fand Ruths Camp ohne Schwierigkeiten, aber nicht den Mann selbst. Er alarmierte die Sheriffs des Maricopa und Pima Countys, denn die Grenze zwischen beiden Countys verlief quer durch den West Boulder Canyon, doch auch nach sechsmonatiger Suche fanden diese keine Spur von Ruth. Eine Phoenix-Zeitung setzte eine dritte Such-Expedition mit Hunden in Bewegung, und diese fand einen Totenschädel mit zwei Schußlöchern. Ruths Zahnarzt identifizierte den Schädel als den von Erwin Ruth. Einen Monat später fanden Barkley und Deputy Sheriff Jeff Adams ein Skelett, in dessen Hüfte sich eine Silberplatte befand. In Ruths Notizbuch lautete die letzte Eintragung: »Veni, vidi, vici!« (Deutsch: Ich kam, sah und siegte). Anzeichen deuteten darauf hin, daß der Körper des Erschossenen von irgendwo anders hergebracht wurde.

Am 16. Juni 1947 ließ sich der Berufsfotograf James A. Cravey aus Phoenix mit einer Ausrüstung für zehn Tage von der Leih-Hubschrauberfirma Montgomery & Marthens in den Superstitions Mountains in der Nähe der Weaver's Needle auf dem Rand des LeBarge Canyons absetzen. Als Ed Montgomery und Chuck Marthens ihn verabredungsgemäß zehn Tage später wieder abholen wollten, fanden sie zwar Craveys Camp, aber nicht den Mann. Zahlreiche Suchexpeditionen suchten vergeblich nach dem verschwundenen Fotografen, der ihnen auf dem Hinflug eine mexikanische Karte gezeigt und geschworen hatte, daß er die »Dutchman Mine« finden würde.

In der Ausgabe vom 21. 2. 1948 erschien in der »Arizona Republic« folgender Bericht:

»Zwei Arizona-Touristen haben gestern die langgesuchte Leiche von James A. Cravey (62), Fotograf, 1014 West Polk Street, Phoenix, der auf der Suche nach der Verlorenen Dutchman Mine in den Superstitions Bergen vermißt wurde, zweieinhalb Meilen von der Weaver's Needle entfernt gefunden.

Die Touristen, Captain a. D. R. F. Perrin und Lieutenant Commander William F. Clements aus Chicago, die auf der Sunset Trail Ranch Gäste sind, fanden ein Skelett ohne Kopf und eine Brieftasche, aus deren Inhalt hervorgeht, daß es sich bei dem Toten um den langgesuchten Cravey handelt. Sheriff Lynn Early vom Pinal County wird morgen früh mit einer Such-Expedition aufbrechen, um den Schädel zu suchen. Cravey ist der zwanzigste Mann, der auf der Suche nach der Lost Dutchman Mine sein Leben verlor. Der *Fluch der Superstitions* ist ungebrochen!«

Sheriff Early fand den Schädel mit zwei Einschußlöchern wenige hundert Meter vom Fundort des Skeletts entfernt am Fuße der Weaver's Needle, aber die Umstände um den Tod von Dr. Ruth und Cravey blieben in mysteriöses Dunkel gehüllt.

Die Superstitions Mountains haben inzwischen immer noch nichts von ihrer trostlosen Gefährlichkeit eingebüßt, obwohl sich die Landschaft Arizonas grundlegend verändert hat: Moderne Highways durchziehen das Land, Riesendämme haben als Wasserreservoirs ganze Wüstenlandschaften paradiesisch erblühen lassen. Überall befinden sich Dude-Ranches und Motels, moderne Kurorte, Swimming-pools und Skipisten. Flugzeuge und Helikopter haben jeden Fußbreit Landes fotografisch erfaßt und kartographiert, die Zeiten der Apachenangriffe, der Postkutsche und der Maultierkarawanen ist endgültig vorbei; aber die »Lost Dutchman Mine« ist weder gefunden, noch hat sie das geringste von ihrer magischen Anziehungskraft verloren.

Die modernen »Prospektoren«, die alljährlich in die Superstitions eindringen, sind jüngere, dynamische, technisch versierte Leute, die, mit Geigerzählern und modernem elektronischem Gerät ausgerüstet, wissen, was sie tun. Und dennoch: Am 26. 7. 1972 fuhren die Technologiestudenten Mark C. Mewitt (26) und Jim T. Zettelman (28) aus Denver mit einem komplett ausgerüsteten Geländewagen Marke »Ford-Bronco« zur Weaver's Needle.

18 Tage später wurde ein Sportflieger auf eine schwarze Rauchwolke aufmerksam, die aus dem West Boulder Canyon aufstieg. Eine Gruppe von rasch alarmierten Rangers fand den Ford-Bronco der beiden Goldsucher ausgebrannt vor, sie fanden einen Schuh von Mewitt und den Gürtel von Zettelman und einen wasserdichten US-Munitionskanister voller purer Goldstükke, aber von den beiden Männern selbst bis heute keine Spur!

Elektronische Untersuchungen des Goldes haben eindeutig ergeben, daß es zwischen 1734 und 1735 aus einem massiven »gewachsenen« Block abgeschlagen wurde! Und die Farbe dieses Goldes ist *heller* als alles bisher bekannte Gold und 99,8 Prozent *rein*!

Schluß (Alaska-Gold)

»Rein ökonomisch gesehen, hat sich die ›Bonanza Frontier‹ zwischen 1849 und 1900 kaum gelohnt. Wenigen großen Funden der Placer-Miner standen unzählige Mißerfolge gegenüber. Auch die ersten rohen Versuche industrieller Ausbeutung haben wenige große und kurzzeitige Profite gebracht, denen unverhältnismäßig mehr Fehlinvestitionen gegenüberstanden. Der ganze Gold- und Silberrausch war eine Lotterie, allerdings mit solch geringen Gewinnmöglichkeiten, daß sich an solchem Hasardspiel heute kein einziger vernünftiger Mensch auch nur im Traume beteiligen würde. Aber – wenn es um Gold und Silber, um Kupfer, Mangan und Uran geht, haben sich Abenteurer jemals von Vernunft leiten lassen?
Im weiteren Sinne hat natürlich der Goldrausch wie nichts sonst zur Entwicklung und Besiedlung des Westens beigetragen. Unglaubliche Summen sind investiert worden, die sonst auf den Banken ›geschlafen‹ hätten. Wüsten wurden erschlossen, Schluchten überbrückt, Entfernungen schrumpften zum Nichts zusammen, Technik und Industrie machten Fortschritte, die die Entwicklungen in der übrigen Welt weit hinter sich ließen. So gesehen, muß man den Goldrausch ökonomisch allerdings als einen Segen betrachten.«
O. E. Young jr.: Western Mining, S. 288.

Am 16. Juni 1897 machte der Dampfer »Exelsior« der »Alaska Commercial Company in San Franzisko am Dock Market Street fest, und eine kleine Gruppe von Prospektoren, die am Yukon River in Alaska überwintert hatten, schleppte mühsam schwergewichtige Behälter, Kisten und Bündel zu einem Frachtwagen, der sie zur nächsten Bank fuhr. Dort erhielten die Männer für den Goldstaub, den sie abgeliefert hatten, 750 000 Dollar.
Nur einen Tag später traf im Hafen von Seattle der Dampfer »Portland« der »North American Transportation & Trading Company« mit 60 Prospektoren aus Alaska ein, die Goldstaub im Wert von 800 000 Dollar zur Bank schleiften.
Am 18. Juni erschien ein einzelner Prospektor in San Franzisko, der Goldstaub für 130 000 Dollar eintauschte.
Stunden später brach in ganz USA das Alaska-Goldfieber aus, und ein nie dagewesener Run zum Bonanza Creek, Klondike und Yukon River in Alaska setzte ein. Drei Wochen später waren alle verfügbaren Dampfer und Segler, ja sogar alle kleinen Küstenfrachter und Fischerboote ausgebucht. Tausende und aber Tausende drängten sich über und unter Deck geradezu Kopf an Kopf, um möglichst rasch nach Alaska zu kommen, wo man das Gold nur aufzuheben und in Säcke

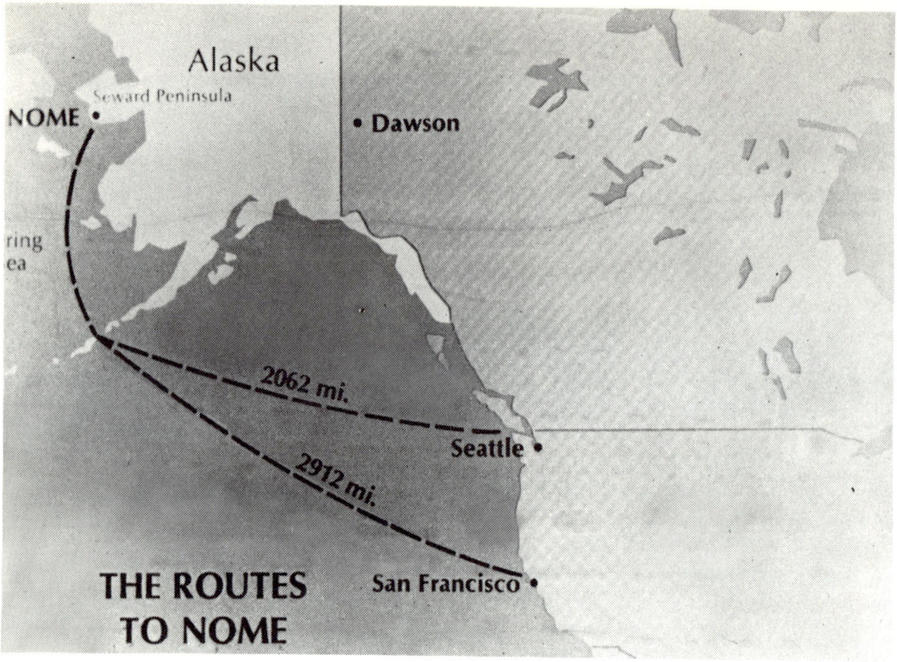

zu verstauen brauchte. Clevere Ausrüstungsfirmen kauften an Ausrüstungen, die man aus den Tagen vergangenen Goldrauschs zur Genüge kannte, zusammen, was überhaupt erreichbar war, und schifften alles nach Dawson ein. In den Zeitungen erschienen zuhauf die sogenannten »Unser-Korrespondent-war-vom-ersten-Tage-an-dabei-Stories«. Leute, die nie einen Fuß auf Alaska gesetzt hatten, veröffentlichten detaillierte Kartenskizzen von imaginären Goldfeldern. Handbücher für Goldwäscher, Ausrüstungsbücher, »How-to-« Anleitungen und unzähliger Unsinn für teures Geld fanden reißenden Absatz. Die Tagebücher von sagenhaft

Oben: 3300 Kilometer Schiffsreise von Seattle nach Alaska.
4660 Kilometer von San Franzisko waren allein schon eine schwere Strapaze, aber gegen das, was den Goldsucher auf dem Festland erwartete, eine Kleinigkeit.

Rechts: Der gefährlichste Weg nach Dawson führte durch die Stromschnellen des Miles Canyon, in dem viele Menschen ertranken und Lasten versanken.

reichgewordenen Goldwäschern hielten das Fieber auf dem Siedepunkt.
Dawson, Klondike, Scagway und Nome sind nur die Städtenamen einiger großer Stationen auf einem Wege, der der Welt zeigte, daß Hab-

gier zu übermenschlichen Leistungen und zum Ertragen einfach unglaublicher Strapazen beflügelt. Die Nähe des Polarkreises, in neun Wintermonaten Temperaturen zwischen -20°C und -60° C, das forderte von den Prospektoren, die oft nur Zelte besaßen, das Äußerste an körperlicher Abhärtung. Ein ungewöhnlich hoher Anteil von ihnen zog sich schwerste Erfrierungen zu, viele starben. Doch über diese Leiden sind noch in keinem amerikanischen Goldfeld mehr als ein paar beiläufige Worte verloren worden. Wie bei allen Placer-Goldvorkommen, so waren auch Alaskas Deposite – vornehmlich die leichter

zugänglichen – rasch erschöpft. Was blieb, war der Versuch einer industriellen Bergbauausbeutung, die aber durch die Dauerkälte insgesamt mehr Investitionen erforderte als in den anderen Bergbaugebieten. Der Boom – der letzte der amerikanischen Pioniergeschichte – ebbte ab, bis das Alaskagold nahezu in Vergessenheit geriet.

Der tatsächliche Vorteil der Goldsucher-Ära war in der Hauptsache der, daß die USA praktisch noch während der Geschichte ihrer Entstehung und wirtschaftlichen Entwicklung auf die Bodenschätze Amerikas nachhaltig aufmerksam gemacht wurden. Kein anderes Land der Erde ist von so vielen Ambitionierten so gründlich um- und umgegraben worden wie der amerikanische Westen. Kein anderes Land der Welt hat einen so reichhaltigen Schatz an Erfahrungen – in jeder Hinsicht – aufzuweisen.

Oben: Dr. Jeremias Hugendorn (Mitte) mit seinen Zwillingssöhnen Jakob und Elias, ließen sich 1906 am Imnacmuck River (Alaska) mit diesen Säcken voll puren Goldes fotografieren, die 140.000 Dollar wert waren.

Rechts oben: Hunderte starben auf dem Marsch nach Dawson, bevor sie das letzte große »Übel«, den Chilkoot Pass, erreichten. 1898.

Rechts unten: Straßenszene von Skagway/Alaska. 1898 gab es bereits 70 Saloons.

HEADQUARTERS
YUKON OUTFITTERS.
SALOON
OUTFITTERS
21

Jefferson Randolph »Soapy« Smith, ein ehemaliger Cowboy aus Denver/Colorado, terrorisierte mit einer Gangsterbande Skagway und führte das erste »Raketeering« (Erpressung von Geschäftsleuten mit Drohungen, ihre Geschäfte zu zerstören) ein, bis er am 8. 7. 1898 von Vigilanten erschossen wurde.

Dem Goldboom hat die USA zu verdanken, daß die dauerhaften und lebenswichtigen Naturschätze des Landes frühzeitig entdeckt und ausgebeutet werden konnten, so zum Beispiel Kupfer, Kohle, Erdöl. Ein weiterer Vorteil bestand darin, daß man zu einer Zeit, da man ganz sicherlich nicht regierungsamtliche Expeditionen en masse ausgerüstet hätte, um über die Lebensbedingungen in Wüsten, Steppen und arktischen Zonen Erschöpfendes zu erfahren, alle diese Informationen umsonst erhielt, durch die vielen Millionen Abenteurer, deren Erfindungsgabe, Einfallsreichtum, Improvisationskunst, Phantasie und Durchhaltevermögen – allerdings von nichts anderem als von reinster Habgier beflügelt – die ganze künftige stürmische Entwicklung vorbereiteten.

Daß alle Mineralvorkommen schon in der Frühzeit dieses Goldrausches durch die eigenartige Schürfrechtgesetzgebung – die sich simultan hierzu entwickelte – auf das sorgfältigste registriert wurden, auch dann, wenn es sich nur um vorübergehende kleine Vorkommen handelte, erwies sich später als der eigentliche Schlüssel zu Amerikas Aufstieg zur ersten Industriemacht der Welt.

Im Gegensatz hierzu galten in Kanada von Anbeginn die alten traditionellen englischen Schürfgesetze, die dem kleinen Bürger so gut wie keine Rechte und Chancen ließen, die Frucht persönlicher Anstrengungen auch selbst genießen zu können. Das Ergebnis ist eindeutig ein ungeheurer Rückstand gegenüber den USA in der Erschließung der natürlichen Quellen, die wahrscheinlich noch erheblich größer sind als die der USA. Aber Kanada steht sowohl was die Besiedlung, die Bevölkerungsdichte wie die Ausbeute seiner Ressourcen betrifft in der Weltrangliste ganz unten.

So hat sich im Verlauf der Geschichte klar erwiesen, daß der Verwaltungsmechanismus einer auf Staatsautorität beruhenden Gesellschaftsordnung nicht nur die individuelle Entfaltung des Bürgers hemmt, sondern sich selbst größten Schaden zufügt, wenn sie freie Entfaltung durch allzu starre traditionelle Einengungen beschneidet.

Die Sowjetunion mit ihrem parteibürokratischen Planungsmechanismus ist ein weiteres Beispiel hierfür. Ihre natürlichen Quellen dürften um ein Vielfaches größer sein als die der USA. Aber staatlicher Dirigismus hat auch hier kaum mehr als Lähmungserscheinungen erzeugen können.

So erschreckend die hemmungslose Habgier der ungezügelten amerikanischen Gesellschaft auch auf den ersten Blick erscheinen mag, bei näherem Hinsehen muß man feststellen, daß die rohe Ordnung, die die Pioniere sich selbst gaben, überall funktionierte. Daß sich die spätere Legendenbildung und die Massenmedien hauptsächlich an antisozialen Kriminalgeschichten orientierten, änderte nichts daran, daß diese Pioniergesellschaft im allgemeinen, was Kriminalität betrifft, zu jeder Zeit friedlicher lebte und unbelästigter blieb, als dies in den Zivilisationszonen der Fall war.